W0076864

Dolce Vita
für die Seele

Ich widme dieses Buch meinem Bruder Kenny,
einem wahren Zauberer der Kreativität,
einem Meister der Musik und der Ingenieurskunst.

Ich hab dich lieb.

Danke, dass du eine solche Inspiration bist.

Kristen Helmstetter

Dolce Vita für die Seele

Wine Self-Talk: 15 genussvolle Minuten für
Leichtigkeit, Inspiration und Lebensfreude

Aus dem Englischen von Theresia Übelhör

Haben Sie Fragen an den Mankau Verlag?
Anregungen zum Buch?
Erfahrungen, die Sie mit anderen teilen möchten?
Besuchen Sie unsere sozialen Netzwerke:
www.mankau-verlag.de/forum

Bibliografische Information der Deutschen Nationalbibliothek
Die Deutsche Nationalbibliothek verzeichnet diese Publikation in der
Deutschen Nationalbibliografie; detaillierte bibliografische Daten sind im
Internet über http://dnb.d-nb.de abrufbar.

Kristen Helmstetter
Dolce Vita für die Seele
Wine Self-Talk: 15 genussvolle Minuten für Leichtigkeit,
Inspiration und Lebensfreude
ISBN 978-3-86374-682-7
1. Auflage Februar 2023

Mankau Verlag GmbH
D-82418 Murnau a. Staffelsee
Im Netz: www.mankau-verlag.de
Soziale Netzwerke: www.mankau-verlag.de/forum

Übersetzung: Theresia Übelhör, Heidelberg
Lektorat: Redaktionsbüro Julia Feldbaum, Augsburg
Endkorrektorat: Susanne Langer-Joffroy M. A., Germering
Cover/Umschlaggestaltung: Andrea Janas, München,
www.andreajanas.com
Gestaltung Innenteil: Mankau Verlag GmbH

Druck: Druckerei C. H. Beck, Nördlingen

Die Originalausgabe ist unter dem Titel »Wine Self-Talk: 15 Minutes to
Relax & Tap Into Your Inner Genius« erschienen.
© 2022, Kristen Helmstetter
All rights reserved. German translation copyright:
© Mankau Verlag GmbH, 2023
German (worldwide) edition published by arrangement with
Montse Cortazar Literary Agency (www.montsecortazar.com).

Wichtiger Hinweis des Verlags:
Die Autorin hat bei der Erstellung dieses Buches Informationen und
Ratschläge mit Sorgfalt recherchiert und geprüft, dennoch erfolgen alle
Angaben ohne Gewähr; Verlag und Autorin können keinerlei Haftung für
etwaige Schäden oder Nachteile übernehmen, die sich aus der praktischen
Umsetzung der in diesem Buch dargestellten Inhalte ergeben. Bitte
respektieren Sie die Grenzen der Selbstbehandlung und suchen Sie bei
Erkrankungen eine/n erfahrene/n Ärztin/Arzt oder Heilpraktiker/in auf.

Inhalt

Einleitung

Liebe Freunde,

Selbstgespräche haben mein Leben verändert. Sie führten mich vom Gefühl, verloren und unerfüllt zu sein, dazu, aus reiner Freude buchstäblich wahnsinnig viel zu tun. Glück wurde zu meinem neuen Standard, zu Freude am Leben. Und schon bald begann alles in meinem Leben richtig zu laufen und sich zu fügen. Wenn du mein Buch *Auf einen Kaffee mit dir selbst* gelesen hast, weißt du, dass ich ein einfaches fünfminütiges Morgenritual genutzt habe, um mein Leben in Tage zu verwandeln, die sich schimmernd und magisch anfühlen ... alles nur dadurch, dass ich die Worte veränderte, die ich während meines Morgenkaffees zu mir selbst sage.

Schon bald, nachdem dieses tägliche Ritual mein Leben verändert hatte, suchte ich nach Möglichkeiten, in meinen Tag noch mehr Selbstgespräche einzufügen. Ich sehnte mich nach dem Hochgefühl, in das sie mich versetzten. Deshalb begann ich, ein abendliches Ritual einzuführen, das ich »Pillow-Self-Talk« – *Bettgeflüster für die Seele* – nannte. Ich stellte fest, dass auch dieses zu beeindruckenden Ergebnissen führte. Ich fragte mich ständig: *Wie weit kann ich das treiben? Wo kann ich dieses Geheimrezept für ein magisches Leben noch anbringen?*

Und obwohl man sich den ganzen Tag lang positive Affirmationen durch den Kopf gehen lassen kann, geschieht etwas Besonderes, wenn man seine Selbstgespräche mit einer bestimmten Gewohnheit oder einem Ritual verbindet. Wie zum Beispiel mit dem Morgenkaffee oder dem Zubettgehen.

Der Wine Self-Talk begann als Idee, als Spaß zwischen meinem Mann und mir. Ich meine,»Wine Self-Talk« klingt hammermäßig, nicht wahr? Es war kurz, nachdem ich meinen Coffee Self-Talk fertig geschrieben hatte und wir in Italien lebten, wo der Wein in Großpackungen wirklich gut ist und wir immer sowohl roten als auch weißen im Haus hatten – und nicht einmal einen Korkenzieher benötigten.

Als mein Mann und ich etwa zum zwölften Mal diesen Spaß machten, begann ich, über die Idee ernsthaft nachzudenken.

Was wäre, wenn?

Was würde passieren, wenn ich positive Affirmationen mit dem Ritual, ein Glas Wein zu trinken, verknüpfen würde? Mit Wein sind einige Assoziationen verbunden. Er ist *angesagt.* Ein Glas Wein zu trinken ist wie ein besonderes Ereignis. Er schmeckt köstlich. Aber vor allem ist Wein – jedenfalls für mich – mit Entspannung verbunden. Mit Auflockerung. Wein macht mich tatsächlich immer müde, deshalb trinke ich nie viel, nur ein paar Schlückchen, und mein Mann trinkt, was in meinem Glas übrig bleibt.

Eines Abends dimmte ich die Lichter, schenkte mir ein Glas Rotwein ein und setzte mich mit einer Liste von Affirmationen, meinem Self-Talk-Text, auf meine bequeme Couch. Ich nahm einen Schluck Wein und begann, den Text laut zu lesen. Dann nahm ich noch einen Schluck. Und noch einen. Ich bin nicht trinkfest, deshalb dauerte es nicht lange, und ...

Wow! Unglaublich! Es fühlte sich an, als würden mir die Wörter der Affirmationen über die Lippen flutschen. Wie immer überkam mich dieses wohlige, entspannte, berauschte Gefühl

(du weißt schon, dieses herrliche Weingefühl). Aber dieses Mal war das Gefühl irgendwie mit meinen Gedanken verknüpft und schien sich in die Wörter einzubetten, sie zu erhöhen und ihnen eine besondere Bedeutung, ein besonderes Gewicht, zu verleihen.

Der Wine Self-Talk war also nicht länger nur Spaß. Ich meinte es ernst. Und rasch wurde mein kleines Wine-Self-Talk-Ritual ein wichtiger Bestandteil meines Lebens.

Erstens war es sehr entspannend. Zweitens führte der Wein dazu, dass sich das Ritual besonders anfühlte, von Bedeutung durchdrungen war wie eine Zeremonie zur Feier des Augenblicks. Obwohl wir immer unseren Wein in Tetrapaks zur Hand hatten, hatten wir auch stets Weinflaschen vorrätig – schließlich waren wir in Italien, das mehr Wein als jedes andere Land produziert, selbst mehr als Frankreich. Häufig machte ich für mein Ritual eine Flasche auf, um den Effekt des »besonderen Anlasses« zu verstärken. Die schöne Form der Flasche, das Ploppen, wenn ich sie entkorkte, der starke Geruch des Korkens, das Gluck-Gluck beim Einschenken, das schöne Glas ... Das alles wertete das Erlebnis auf. Selbstgespräche sind noch wirkungsvoller, wenn sie mit den Sinnen und mit Emotionen verknüpft sind. Es stellte sich heraus, dass Wein und Self-Talk eine hervorragende Kombination ergeben.

Wahrscheinlich hätte ich diese beiden Effekte schon vor meinem ersten Experiment mit dem Wine Self-Talk vorhersehen können. Aber was als Nächstes passierte, war völlig unerwartet: *Er setzte Kreativität zum Nulltarif frei!*

Bevor ich fortfahre, möchte ich erklären, was ich unter »Kreativität« verstehe. Ich spreche hier nicht nur über die typischen

»kreativen« Aktivitäten, wie zum Beispiel Kunst, Schriftstellerei, Musik und so weiter. In diesem Buch verwende ich das Wort in viel weiterem Sinn, um die große Palette der Dinge zu umfassen, die passieren können, wenn du das nutzt, was ich als dein »angeborenes Genie« bezeichne.

Wir alle besitzen diesen verblüffenden Teil in unserem Gehirn, der wirklich fantastisch ist, wenn es uns gelingt, ihn irgendwie anzuzapfen. Dein angeborenes Genie kennt die Antworten. Es weiß, was zu tun ist. Es kann Unmengen von Wissen, das in unserem Gedächtnis und unserem Unterbewusstsein verborgen ist, durchsuchen, verrückte Verbindungen herstellen und sich unglaubliche Ideen einfallen lassen, die manchmal so fantastisch sind, dass du das Gefühl hast, sie kämen irgendwo von außerhalb, als handelte es sich um eine höhere Intelligenz. Es fühlt sich wie Magie an. In etwa so: »Wo in aller Welt kommt das jetzt her? Das ist brillant! Ich war das?«

Dieses angeborene Genie macht kreative Menschen nicht nur kreativ, es kann jeden in jeder Hinsicht klüger machen:

- um berufliche Probleme zu lösen
- um Beziehungsprobleme zu beheben
- um mit besseren Optionen für dich selbst aufzuwarten
- und für deine Familie – um klüger, lustiger und interessanter zu sein

Die Auswirkungen sind endlos. Es handelt sich um eine Superkraft, die dir mehr Kontrolle über deinen Geist und deine Handlungen ermöglicht und dir hilft, dein magisches Leben zu erschaffen.

Okay, also zurück zu meiner Geschichte mit dem Wein ...

Leserinnen und Leser meiner Bücher *Auf einen Kaffee mit dir selbst* und *Bettgeflüster für die Seele* wissen, dass ich Selbstgespräche genutzt habe, um mich zur Schriftstellerin zu entwickeln, indem ich mich von einer Person, die buchstäblich nie ein Wort Fiktion geschrieben hatte, in eine Romanautorin verwandelte, die innerhalb von neun Monaten neun Romane verfasst hat.

Als Schriftstellerin achte ich sehr auf meinen Kreativprozess. Ich muss meine eigenen Fähigkeiten kennen, und sei es nur, um meinen Tagesplan für das Schreiben zu erstellen. Brauche ich Inspirationen? Brauche ich ein Whiteboard? Kann ich zu jeder Tageszeit schreiben? Kann ich auf Flughäfen und in Cafés oder nur an meinem Schreibtisch arbeiten? Ich suche also immer nach Möglichkeiten, meine Kreativität zu fördern. Jeder kleine Kniff erleichtert mir nicht nur die Arbeit, sondern macht mich auch zu einer besseren Schriftstellerin.

Der Wine Self-Talk verbessert meine Kreativität »zum Nulltarif«. So ist es nun einmal. Wie ganz von allein. Und nicht nur, wenn ich an meinem Schreibtisch sitze, sondern ständig. Es fühlt sich an, als hätte man mir eine Wunderpille der Zukunft gegeben, sodass ich auf einmal in der Lage bin, in Richtungen zu denken wie niemals zuvor.

Kreativität für mein Schreiben, Kreativität für Problemlösungen in meinem Unternehmen, in Familienangelegenheiten, in gesundheitlichen Fragen, in sämtlichen Aspekten des Lebens. Jedes Mal, wenn ich etwas in meinem Leben lösen wollte, ging ich es mit einem Mal aus neuen Blickwinkeln und von verschiedenen Standpunkten aus an. Das geschah tagtäglich, und es machte Spaß!

Zunächst schienen meine Geistesblitze Glückstreffer zu sein. Aber es geschah immer wieder. Und immer öfter. Ich fing sogar an, damit zu rechnen. Und als mein Selbstvertrauen wuchs – das Wissen, dass mir mein angeborenes Genie immer hilfreich zur Seite stehen würde –, geschah etwas Wunderbares ... Ich wurde entspannter als jemals zuvor.

Ich hatte meine Lockerheit bereits mit meinem Coffee Self-Talk verbessert, aber dies führte sie jetzt auf ein anderes Niveau. Ich empfand eine Art von Frieden und die Einstellung, dass alles gut werden würde. Dass ich es schaffe. Dass ich in der Lage bin, alles zu bewältigen. Es war einfach geworden, Lösungen für Herausforderungen zu finden.

Und dieses angenehme Selbstvertrauen verwandelte sich in das, was ich nur als mein neues, verbessertes und sogar glücklicheres Selbst beschreiben kann, weil ein Leben mit kreativer Begeisterung bunter und vergnüglicher ist und so viel mehr Spaß macht.

Im Januar 2021 erschien *Coffee Self-Talk*, und die Verkaufszahlen schossen in die Höhe. Die Leserinnen begannen, sich in Scharen der Facebook-Gruppe des Buchs anzuschließen, und es dauerte nicht lange, und ich wurde gefragt:»Wie wäre es mit einem Wine Self-Talk?«, was zu einem Running Gag wurde. Und das war komisch, weil ich bereits mein Wine-Self-Talk-Ritual durchführte, aber nie darüber gesprochen hatte. Große Geister denken gleich, nicht wahr?

Zu diesem Zeitpunkt hatte ich bereits erkannt, welche Vorteile es bringt, Selbstgespräche bei diesem megaschönen, entspannenden Ritual mit Wein zu verknüpfen. Deshalb beschloss ich, darüber ein Buch zu schreiben, und hier ist es.

Ich empfehle nicht, allzu häufig Alkohol zu trinken und auch nicht in großen Mengen. Aber es ist deine Entscheidung, und du weißt, was für dich am besten ist. Auch wenn bei diesem Ritual von *ein wenig* Alkohol die Rede ist, ist er nicht notwendig. Ich selbst trinke nicht viel (nur zwei oder drei Schlückchen), aber ich weiß, welche Wirkung es hat, Alkohol mit einem tiefgreifenden Ritual zu kombinieren, und es liegen viele wissenschaftliche Untersuchungen über den Zusammenhang zwischen der Verbesserung der kognitiven Leistungsfähigkeit und mäßigem Alkoholkonsum vor.

Du kannst dieses entspannende Ritual jeden Abend mit oder ohne Alkohol durchführen. Oder du kannst dich entscheiden, es nur zweimal in der Woche zu machen, je nach deinen Zielen. Ich selbst führe mein Wine-Self-Talk-Ritual einmal in der Woche durch, in dem ich Bestandsaufnahme meiner Ziele für die Woche mache und »kreative Samen« aussäe, die in den folgenden Tagen und Wochen keimen und aufblühen.

Es ist kein Problem, wenn du keinen Alkohol trinkst. Genieße einfach Mineralwasser mit einer Spalte Zitrone oder Orange aus einem schönen Weinglas. Oder Kombucha. Oder wähle ein spezielles Getränk, das du nur während dieses Rituals trinkst.

Es ist mein innigster Wunsch, dir mit diesem Buch zu helfen, die angeborene Quelle des Wissens in dir zu erschließen und deine umwerfende Brillanz und dein angeborenes Genie zu entfesseln. Welche sofortige Anwendung du auch immer im Sinn hast, ich möchte dich ermuntern, größer zu denken ... Es gibt buchstäblich keine Grenzen dessen, was du erreichen kannst, sobald du dir die kognitive Superkraft deiner Kreativität erst einmal nutzbar gemacht und das notwendige Selbst-

vertrauen gewonnen hast, um kühn voranzuschreiten und große Dinge in Angriff zu nehmen. Wirklich große Dinge. Die Dinge, die ein magisches Leben ausmachen.

Viel Vergnügen dabei!

Mit den besten Wünschen, Kristen

So benützt du dieses Buch

Dieses Buch ist in zwei Teile unterteilt. In Teil I erfährst du, worum es beim Self-Talk geht und warum er so wirkungsvoll ist. Außerdem werde ich erklären, warum Kreativität wichtig ist, um ein magisches Leben zu führen, egal ob du dich für eine kreative Person hältst oder nicht. Es lohnt sich, gleich jetzt zu beginnen: Wir alle besitzen das Potenzial, äußerst kreativ zu sein, und dieses Buch wird dir helfen, dir diese grundlegende menschliche Fähigkeit zunutze zu machen. Jeder von uns besitzt eine angeborene Genialität, die nur darauf wartet, erschlossen zu werden. Und schließlich werde ich dich mit einem unglaublichen Neuro-Hack – dem Wine Self-Talk – vertraut machen, einem entspannenden fünfzehnminütigen Ritual zur Freisetzung dieser angeborenen Genialität.

In Teil II biete ich fünfzehn Lektionen an, die von jeweils einem speziell verfassten Wine-Self-Talk-Text begleitet werden. Du kannst bei deinem Wine-Self-Talk-Ritual diese Texte oder selbst geschriebene verwenden.

Bei jeder dieser Lektionen geht es um einen Aspekt der Kreativität. Du kannst die Texte nutzen, so, wie sie sind, oder daran Änderungen vornehmen, denn Affirmationen sind wirkungsvoller, wenn sie Worte verwenden, die einen selbst stark ansprechen.

Wenn du Teil I durchgelesen hast, wirst du bereit sein, dein Wine-Self-Talk-Ritual durchzuführen. Du könntest eine Lektion pro Woche angehen und dir vielleicht regelmäßig eine bestimmte Zeit dafür reservieren, beispielsweise am Frei-

tagabend. Vielleicht ziehst du es aber vor, Teil II zuerst ganz durchzulesen und dann zu den Lektionen zurückzukehren, die dir für deine aktuelle Situation besonders relevant erscheinen.

Alkohol muss nicht sein!

Für die in diesem Buch vorgeschlagenen Aktivitäten ist Wein nicht erforderlich. In diesem Buch wird ein unterhaltsames, entspannendes Ritual beschrieben, zu dem der optionale Konsum von Wein gehört. Wenn du Probleme hast, Alkohol zu trinken, oder einfach lieber darauf verzichtest, kannst du jedes nichtalkoholische Getränk wählen und trotzdem von diesem Buch und den positiven Selbstgesprächen profitieren. Falls du dich für ein alkoholisches Getränk entscheidest, bitte tu das verantwortlich und in Maßen. Sobald du lallst, sabberst, umkippst oder Verflossenen textest, hast du zu viel getrunken.

Teil I

Nutze deine angeborene Genialität

Kapitel 1
Selbstgespräche
für das Leben
deiner Träume

Die Gelegenheit bedarf des bereiten Geistes.
Louis Pasteur

Irgendwo tief in dir finden sich alle Antworten, die du suchst. Antworten auf Fragen. Lösungen für deine Probleme. Wege, um deinen Stress und deine Sorgen verschwinden zu lassen. Wege, damit deine Träume wahr werden. Wege, dein magisches Leben zu führen. In diesem Buch werde ich dir ein entspannendes fünfzehnminütiges Ritual beschreiben, das positive Selbstgespräche mit Wein (oder dem Getränk deiner Wahl) kombiniert, damit du dir diese Quelle der Brillanz, deine angeborene Genialität, erschließen kannst.

Positive Selbstgespräche für das fantastischste Leben

An dem Tag, an dem ich Selbstgespräche zu einem Bestandteil meiner täglichen Strategie machte, veränderte sich mein Leben. Durch die Nutzung von Selbstgesprächen, einer Technik, die so einfach ist, dass auch eine Fünfjährige sie einsetzen kann, verwandelte sich mein Leben von einem stressgeplagten, chaotischen Dasein ohne wirkliche Richtung oder Ziel in ein Leben voll strahlendem Sonnenschein, Glück, Frieden und Erfüllung. Diese Transformation war vollständig, von Kopf bis Fuß. Und das Beste von allem, sie erfolgte schnell.

Was ist Self-Talk?

Self-Talk, also Selbstgespräche, sind einfach die Dinge, die du über dich selbst und dein Leben denkst und zu dir selbst sagst. Es ist der Dialog, der dir den ganzen Tag durch den Kopf geht. Es sind die Gedanken, die die Stunden deines Tages füllen. Es ist deine Lebensanschauung. Deine Einstellung. Es ist das, was sich in deinem Kopf abspielt, wenn du die Nachrichten anschaust oder spazieren gehst oder am Abend einschläfst.

Es geht dir, wie du dir vorstellen kannst, eine Vielzahl von Worten und Gedanken durch den Sinn. Manche Worte sind fröhlich und liebevoll; andere sind pessimistisch und traurig. Es gibt erbauliche, bestärkende, aber auch lähmende und deprimierende Gedanken.

Diese Worte und Gedanken spielen eine entscheidende Rolle. Sie sind tatsächlich die Hauptfaktoren, die bestimmen, welche Art von Leben du führst. *Wie* glücklich du wirst. Der Grund, weshalb sie so wichtig sind, besteht darin, dass sie mehr als alles andere dein Handeln bestimmen. Dein *Verhalten*. Ob du gute Entscheidungen triffst oder schlechte, Risiken eingehst oder dich zurückhältst, in dich selbst investierst oder deine Zeit vertrödelst und wie gut du mit den Hindernissen auf dem Lebensweg umgehst ... Das alles wird von deinen Selbstgesprächen bestimmt.

Wenn du denkst oder Gedanken aussprichst, gibst du deinem Gehirn genau genommen Instruktionen. Und dein Gehirn tut, was du ihm vorgibst. Wenn du sagst:»Ich bin immer so müde« ... Ja, rate mal! Du hast dein Gehirn gerade angewiesen, dafür zu sorgen, dass du müde wirst. Sag ihm, dass du nie genug Geld hast, und auch dafür wird es sorgen. Wenn du deinem Gehirn dagegen sagst, dass du grenzenlos viel Energie hast oder dass du wie ein Magnet Geld anziehst, dann wird dein Gehirn auch diese Anweisungen umsetzen.

Deinem Gehirn ist es egal, ob das, was du sagst, wahr oder falsch ist. Es reagiert in jedem Fall auf die Instruktionen. Ihm ist es egal, ob du positive oder negative Worte verwendest. Das gibt dir eine unglaubliche Macht. Du entscheidest, welche Worte du gebrauchst. In jedem Fall. Immer bist du derjenige, der entscheidet, welche Instruktionen du deinem Gehirn gibst.

Dein Gehirn steuert nicht nur dein Handeln, es bestimmt auch deinen Fokus. Es filtert, was du beachtest und was du ignorierst. Es lässt dich Dinge in deiner Umgebung sehen, die diesen Fokus untermauern. So beeinflusst es deine Version der Realität.

Wenn du zum Beispiel jeden Tag mit dem Gedanken aufwachst, dass du dick oder unattraktiv, langweilig oder wertlos bist, dann denkt dein Gehirn, dass du dich genau darauf fokussieren willst und tut dann genau das. Wenn du dich am Morgen hingegen freudig und optimistisch hinsichtlich deiner Chancen fühlst und zuversichtlich, dass dir der Erfolg bereits sicher ist, und wenn du dich schön fühlst sowie ein gutes Fundament an Selbstliebe und Selbstwertgefühl hast, dann kannst du darauf wetten, dass dein Gehirn in jedem Fall

sicherstellt, dass du mehr davon erhältst. Es wird ein helles Scheinwerferlicht auf die Dinge werfen, die dieses aufbauende Denkmuster unterstützen.

So einfach ist das.

Du hast ein Gehirn, und dieses will, dass du ihm *sagst, was es tun soll!*

Wenn du anfängst, positiv über dich, dein Leben und die Welt zu sprechen und zu denken, wirst du bald ganz von allein positiv zu denken beginnen. Und wenn du positiver fühlst, sagst du in einem positiven Kreislauf mehr positive Dinge. Diese Kombination aus positivem Denken und Fühlen führt dazu, dass du in Raketengeschwindigkeit zu deiner Bestimmung und deinen Träumen findest.

Das ist der Self-Talk. Die Worte, die du sagst und die Gedanken, die du denkst. Wenn du positive Selbstgespräche *führst*, bedeutet das einfach, dass du bewusst die Kontrolle über den Prozess übernimmst und durch positive Affirmationen, die negative Gedanken und Worte durch positive ersetzen, dein Gehirn umprogrammierst. Das kann durch einen formalen Prozess durch die Nutzung von Self-Talk-Texten, wie den in Teil II bereitgestellten, erfolgen oder den ganzen Tag über, während du deinem Tagwerk nachgehst. Im Idealfall wird beides genutzt.

Die emotionale Verbindung

Es gibt noch ein weiteres Element, das ich noch nicht erwähnt habe. Ein Element, das den Prozess der Umprogrammierung deutlich beschleunigt. Und das ist, deine positiven Selbstgespräche mit positiven Emotionen zu verknüpfen.

Um Selbstgespräche für eine blitzschnelle Veränderung deines Lebens nutzen zu können, empfiehlt es sich, diese positiven Worte und Gedanken des Gehirns mit positiven Gefühlen im Herzen zu kombinieren. Vielleicht denkst du, dass man, wenn man gute Dinge denkt, automatisch gute Gefühle hegt. Aber das ist nicht immer der Fall, vor allem nicht am Anfang und vor allem nicht, wenn Menschen damit zu tun haben, ihre lebenslange Gewohnheit, negative Selbstgespräche zu führen, erst einmal zu überwinden.

Wenn man wirklich negativ eingestellt ist – Düsterkeit, Depressionen oder Ängste –, dann meint man gern, dass Wörter nicht helfen, weil sie keine große Macht besitzen. Deshalb sagt man vielleicht positive Dinge, ist aber noch skeptisch. Die gute Nachricht ist, dass das Positive selbst in diesem Fall, wenn du es noch nicht fühlst, mit der Zeit kommen wird. Vor allem, wenn du deine Self-Talk-Texte regelmäßig immer wieder liest und die neue Sprechweise deinem Gehirn durch die ständige Wiederholung einprägst. Je öfter du sie wiederholst, desto stärker verknüpft dein Gehirn diese Gedanken in den Nervenbahnen und speichert sie dauerhaft ab.

Und wenn das geschieht, beginnst du stärker daran zu glauben, und je stärker du daran glaubst, desto eher *spürst du es*. Diese Gefühle verändern deine Energie, und das ist gut so. Du möchtest diese guten Schwingungen haben! Sie führen dazu, dass es sich real anfühlt. Deshalb trägt alles, was du tun kannst, um diese Gefühle zu verstärken, dazu bei, den Ball ins Rollen zu bringen. Dazu zählt auch, nur so zu tun als ob – als wärst du ein Methodenschauspieler und würdest »in die Figur« deines neuen, verbesserten Selbst schlüpfen. Das wird

dazu beitragen, den Prozess zu beschleunigen. Im Grunde gilt: *Tu so, dann wirst du so.*

Wenn du also glücklich denkst und dich glücklich fühlst, hast du die perfekte Kombination, um dein magisches Leben zu manifestieren.

Die Macht der Selbstliebe

Ein weiterer unglaublicher Vorteil positiver Selbstgespräche besteht darin, dass sie deine Selbstliebe und dein Selbstwertgefühl verbessern, was die Art und Weise verändert, wie du dich jeden Tag der Welt präsentierst. Sie verändern die Art und Weise, wie du aus dem Bett steigst. Sie verändern die Art und Weise, wie du gehst. Die Art und Weise, wie du an deinem Schreibtisch sitzt. Wie du mit den Menschen sprichst. Sie verändern dein ganzes Verhalten im Hinblick auf Selbstvertrauen und Courage. Du wirst neugieriger, und das stellt deinen Geist automatisch auf Erfolg ein. Selbstwertgefühl schafft die Bedingungen, damit in deinem Gehirn Ideen aufblitzen, miteinander kollidieren und neue Dinge entstehen. Weil du keine Angst hast und weil du *tief in deinem Inneren* spürst, dass du das Gute, das aus deinen suchenden Bemühungen entstehen könnte, wirklich verdient hast.

Das vermittelt dir ein wirklich gutes Gefühl. Du strahlst vor Zuversicht. Und es stellt sich heraus, dass dieses Gefühl des Selbstvertrauens kein Hokuspokus ist. Es ist keine Vortäuschung. Deine Selbstgespräche führen tatsächlich zur Ausschüttung von chemischen Stoffen in deinem Gehirn – von Neurotransmittern, die unter dem Begriff »Wohlfühlbotenstoffe« bekannt sind, wie etwa Dopamin, Serotonin und Endorphine –, die dir, na ja, eben ein *gutes Gefühl* vermitteln und deine Chancen für Erfolg erhöhen.

Wie ich in *Auf einen Kaffee mit dir selbst* bereits beschrieben habe, begann ich, als wir in einer kleinen Wohnung in Norditalien lebten, jeden Morgen zu meinem Kaffee Selbstgespräche zu führen. Ich hatte dabei keine großen Erwartungen – genau genommen gar keine. Ich wusste nur, dass ich das Gefühl, das sie mir umgehend vermittelten, angenehm fand. Bald erfüllten diese glücklichen Gefühle meinen ganzen Tag. Mit mir geschah etwas. Etwas Großartiges!

Nach zwei Wochen zeigten diese glücklichen Gefühle noch keine Anzeichen der Abnutzung, und schließlich erzählte ich meinem Mann, was ich gemacht hatte. Ich hielt an meinem Coffee-Self-Talk-Ritual monatelang ausnahmslos jeden Morgen fest. Und die Dinge wurden immer besser. Meine Selbstgespräche säten kleine goldene Samen in meinem Geist aus, die wuchsen und gediehen und sich in einer Transformation manifestierten, die wahrlich an einen Schmetterling erinnerte. Wie Phönix aus der Asche. Keine Ängste mehr, ein entspanntes, glückliches und friedvolles Gefühl. Ein wirklich sagenhaftes Leben.

Ich begann, das beste Leben zu manifestieren, zu dem auch gehörte, mehr Geld zu verdienen (auf unerwartete Weise), glücklich und begeistert aufzuwachen, neugierig auf den kommenden Tag zu sein, eine stärkere Liebe zu meinem Mann zu empfinden, mehr Quality-Time mit meiner Tochter sowie ein Herz, eine Seele und einen Lebensrhythmus in einem Zustand des Fließens und der Gelassenheit zu haben.

Ich könnte immer weiter schwärmen, wie ich es in *Auf einen Kaffee mit dir selbst* und *Bettgeflüster für die Seele* auch getan habe. In diesen Büchern verwendete ich viel Platz dafür, ausführlich zu erläutern, wie und weshalb Selbstgespräche dazu beitragen können, das fantastischste Leben zu haben, das ich als magisches Leben bezeichne. Wie sie dazu beitragen können, dass deine Träume wahr werden. Wie sie dich in die Glücks-Stratosphäre katapultieren können. Und wie sie wirklich den Unterschied ausmachen können. Und natürlich, wie das Morgenritual tatsächlich durchzuführen ist.

Wann immer ein Interviewer mich fragt, wie man das Leben verbessern, den Stress reduzieren, seine Ziele erreichen, sich selbst mehr lieben oder glücklicher sein kann, ist meine Antwort immer die gleiche: »Es hängt von deinen Selbstgesprächen ab.«

Wie kann dieser eine Aspekt, nämlich die Selbstgespräche, so wirkungsvoll sein?

Wie oben bereits beschrieben, liegt es daran, dass Selbstgespräche die Art und Weise verändern, wie du über dich selbst denkst. Deine positiven Selbstgespräche verändern die Art und Weise, wie du über die Welt denkst. Sie verändern, wie du mit der Welt interagierst. Sie verändern, was du in dein Leben ziehst. Sie verändern, worauf du dich konzentrierst. Sie verändern alles, insbesondere, was du für möglich hältst.

Aber vor allem verändern sie, wie du zu dir selbst stehst. Sie ermöglichen es dir, dich selbst *wirklich* zu lieben. Egal was du durchgemacht hast. Egal was du von dir selbst hältst, ob es stimmt oder nicht. Und der Grund, weshalb Selbstliebe so wichtig ist, besteht darin, dass du dich, egal wie schwer du

arbeitest oder welche Strategien du verfolgst – sei es, dass du abnehmen, Geld verdienen oder irgendeine Leistung vollbringen willst –, des Erfolgs nicht würdig fühlen wirst und dein Unterbewusstsein dich sabotieren wird, wenn du dich nicht selbst liebst. Dein Unterbewusstsein wird deine ansonsten so guten Pläne durchkreuzen.

Deshalb füge ich in alle meine Texte, so auch in diejenigen in Teil II, immer Sätze zur Verstärkung der Selbstliebe ein.

Kapitel 2
Deine angeborene Genialität

Es besteht kein Zweifel, dass Kreativität die wichtigste menschliche Ressource ist. Ohne Kreativität gäbe es keinen Fortschritt, und wir würden für immer die gleichen Muster wiederholen.

Edward De Bono

Wusstest du, dass Schmetterlinge eine besonders coole Sehkraft besitzen? Menschen haben Drei-Farben-Rezeptoren, die es uns erlauben, alle Farben des Regenbogens zu sehen. Aber das Licht enthält noch viel mehr Farben, als wir sehen können. Schmetterlinge haben vier Rezeptoren, die es ihnen ermöglichen, noch mehr Farben zu erkennen.

Aber das ist noch gar nichts. Der australische Schwalbenschwanzschmetterling stellt mit fünfzehn unterschiedlichen Rezeptoren alle anderen in den Schatten. Jeder dieser Rezeptoren kann seinen eigenen Bereich des Spektrums erkennen, darunter auch das ultraviolette Licht!

Kannst du dir vorstellen, wie es wäre, die Welt nur für ein paar Sekunden mit den Augen dieses Flattermanns zu sehen? Es wäre umwerfend!

Unser Bild der Realität ist durch unsere Wahrnehmung begrenzt. Es gibt Dinge, die existieren, die wir aber einfach nicht

sehen können. Es gibt Schallfrequenzen, die wir nicht hören können. Es gibt Magnetfelder, die einige Tiere spüren, die wir aber nicht wahrnehmen können. Und Fledermäuse können in totaler Dunkelheit mithilfe von Echoortung »sehen«. Ich kann mir nicht einmal vorstellen, die Form, sagen wir eines Löffels, zu hören.

Hier ein kleiner Test: Schließe die Augen und versuche dir eine Farbe vorzustellen, die du noch nie gesehen hast.

Das kannst du nicht!?

Auf ähnliche Weise sind unsere Gedanken auf das, was wir kennen, beschränkt. Und auf das, was wir für möglich halten.

Trotz der vielen Rekorde in der Geschichte war kein Mensch je eine Meile unter vier Minuten gerannt. Niemand glaubte, dass das menschenmöglich wäre. Das heißt, bis zum 6. Mai 1954, als Roger Bannister dafür genau drei Minuten 59,4 Sekunden brauchte.

Und dann, 46 Tage später, schaffte ein Läufer es sogar in noch kürzerer Zeit.

Es war schon immer möglich. Nur hatte niemand daran *geglaubt*.

Niemand dachte daran, ein Handy mit einer Touchscreen-Bedienoberfläche herzustellen. Dann taten es Steve Jobs und die Entwickler von Apple. Innerhalb von Wochen kündigten die Konkurrenten an, ihre eigenen Touchscreen-Handys entwickeln zu wollen.

Niemand hielt es für möglich, Objekte mit wiederverwendbaren Raketen ins Weltall zu schicken. Das heißt, bis Elon

Musk und SpaceX stilvoll bewiesen, dass es möglich ist, indem die Raketen selbst zum Landeplatz zurückflogen und senkrecht landeten – bereit, wiederverwendet zu werden. Und damit wurden die Kosten für Weltraumflüge auf einen Bruchteil der früheren Kosten gesenkt. Während der Niederschrift dieses Buches entwickeln China, Frankreich und mindestens acht Raumfahrtunternehmen ihre eigenen wiederverwendbaren Raketen. Einer der Firmenbosse ging sogar so weit und erklärte, dass jedes Weltraumunternehmen, das nicht an wiederverwendbaren Raketen arbeite, pleitegehen werde.

Warum ist es so schwierig, sich Dinge vorzustellen, die wir noch nie gesehen haben?

Dieses Phänomen hat tatsächlich einen Namen: *Versagen der Vorstellungskraft.*

Es betrifft auch das Leben normaler Menschen. Bevor die Arbeit im Homeoffice hoffähig wurde, konnten sich viele Menschen beispielsweise nicht vorstellen, von zu Hause zu arbeiten. Ihre Arbeitgeber ebenso wenig. Doch aufgrund von Corona wurde es für viele Arten von Jobs ganz normal.

Als ich den Leuten sagte, dass wir alles verkaufen, für ein paar Jahre die Welt bereisen und unterwegs an unseren Laptops arbeiten würden, erklärten uns viele, dass sie das auch gern täten, es sich aber nicht leisten könnten. Doch rate mal! Wir reduzierten unsere Ausgaben dramatisch, als wir die USA verließen! Keine Miete beziehungsweise Hypothekenzahlung mehr, kein Autokredit, keine Telefongebühren, keine horrende Krankenversicherung und so weiter. Wir reisten durch Europa und wohnten zumeist mietfrei

durch »Housesitting«. Das heißt, wir kümmerten uns um die Häuser und Haustiere, während die Besitzer im Urlaub waren. Oder indem wir in charmanten und spottbilligen Orten, wie zum Beispiel in Bansko, einem Skiort in Bulgarien, wohnten, wo man ein modernes möbliertes Appartement für weniger als 250 Euro im Monat mieten und eine Familie im Restaurant ein köstliches Abendessen für knapp zwanzig Euro genießen konnte. Die meisten Menschen, denen wir begegneten, wussten nicht einmal, dass es diese Möglichkeiten gibt. Nicht einmal andere Langzeitreisende!

Das führt zu der Frage: Welche anderen Optionen gibt es – für alles –, die wir nicht kennen?

Was wäre, wenn es eine Möglichkeit gäbe zu sehen, was andere nicht sehen können?

Was wäre, wenn es eine Möglichkeit gäbe, sich Dinge vorzustellen, die existieren, die du dir aber noch nicht vorgestellt hast? Was wäre, wenn es eine Möglichkeit gäbe zu entwickeln, was andere noch nicht entwickelt haben? Was wäre, wenn es Lösungen für die Probleme in deinem Leben gäbe, du aber einfach nicht weißt, dass sie existieren? Was wäre, wenn es eine Möglichkeit gäbe, sie zu finden?

Es gibt eine Möglichkeit, all das zu tun: nämlich durch Selbstgespräche. Und es funktioniert, weil es deine angeborene Genialität freisetzt.

Begrüße deine angeborene Genialität

Ich habe bereits erwähnt, dass wir alle eine angeborene Genialität besitzen, die uns zu erstaunlichen mentalen und kreativen Leistungen verhelfen kann. Sie ist Teil des Unterbewusstseins und insofern unserer Intuition ähnlich, da sie wirkungsvoll und brillant ist und wir sie alle besitzen, aber die meisten Menschen stehen mit ihr nicht wirklich in Einklang.

Doch die angeborene Genialität, von der ich hier spreche, ist nicht das Gleiche wie deine Intuition. Deine Intuition ist wie ein Black-Box-Computer, der im Hintergrund Berechnungen durchführt und Antworten ausspuckt, die du in Form von Ahnungen wahrnimmst. Oder von Emotionen, wie zum Beispiel Angst.

Die angeborene Genialität, die ich meine, ist hingegen deine schöpferische Quelle. Von dort kommen alle deine Aha-Momente. Geistesblitze. Aha-Erlebnisse. Heureka-Momente. Und natürlich ist sie die Inspiration, die in all die Dinge, die wir für »schöpferisch« halten, einfließt, wie zum Beispiel das Zeichnen, Malen, die Bildhauerei, Schriftstellerei, Gesang, Kunst und das Musizieren. Und sie fließt in noch viel mehr Aktivitäten ein, die einem nicht unmittelbar in den Sinn kommen, aber wirklich kreativ sind: Kochen, Stricken, Nähen, Basteln, Aufnehmen von You-Tube-Videos, Erfinden, Konstruieren, Geschäftsgründungen, Produktvermarktung oder das Erstellen von Websites.

Kreativität ist auch bei neuen Ideen in Bereichen, die die meisten Menschen nicht für kreativ halten, im Spiel: Mathematik

(um auf neue Beweise zu kommen), Finanzen (zur Entwicklung neuer Finanzinstrumente), Management (um Probleme auf neue Art zu lösen) und selbst Buchhaltung ... Allerdings war ein Buch- und Rechnungsprüfer, den ich kannte, ein bisschen *zu* kreativ ... Inzwischen trägt er statt eines Anzugs Sträflingskleidung!

Und die vielleicht am häufigsten übersehene Kategorie der Kreativität: die kleinen, alltäglichen Findigkeiten, die Miniprobleme lösen und unser Leben reibungsfrei machen. Wie zum Beispiel clevere Reparaturen im Haushalt mithilfe von Material vorzunehmen, das eben zur Hand ist. Oder wie das Genie, das auf die Idee kam, eine Haarklammer (wie eine große Büroklammer) am Rand des Schreibtischs zu befestigen, in die man das Ladekabel des Handys einhängen kann, sodass man sich nicht jedes Mal, wenn das Ding Saft braucht, bücken muss.

Diese kleinen Innovationen addieren sich! In Wahrheit besteht das Führen eines magischen Lebens zur Hälfte darin, die kleinen Ärgernisse des Lebens zu beseitigen und ihm einen schimmernden Glanz zu verleihen!

Kreativität spielt auch bei der Entwicklung neuer Ideen eine Rolle. Tatsächlich bei jeder neuen Idee. Es kann die Überlegung sein, was du zum Abendessen kochst. Oder die Überlegung, wie du deinem Kind etwas anders erklären kannst, nachdem die alte Erklärung nicht gefruchtet hat. Oder die Idee, einer neuen Aktivität nachzugehen oder ein neues Urlaubsziel auszusuchen. Wusstest du, dass es in Finnland ein Hotel gibt, in dem man in warmen, gemütlichen Iglus aus Glas übernachten und sich die Nordlichter ansehen kann, während man in den Schlaf driftet? Es gibt auch Wikinger-Sommercamps, in denen Kinder in nachgebauten Wikingerdörfern wohnen und lernen, wie die Wikinger zu leben. Wo gab es das in meiner Kindheit?

Kreativität zeigt sich also in vielen verschiedenen Formen. Doch jede Form verlangt, entweder etwas zu kreieren oder etwas auf neue Weise zu tun. Und das ist genau das, was deine angeborene Genialität macht.

Deine angeborene Genialität tut dies, indem sie deine »normalen« Gedankenprozesse umgeht. Denn unser normaler Denkmodus ist zum größten Teil auf Effizienz ausgerichtet. Die gleichen Dinge auf die gleiche Weise mit möglichst wenig Aufwand zu tun. Und für ein Gehirn ist es großartig, so zu funktionieren. Allerdings nur, *solange* das funktioniert.

Wenn wir mit neuen Herausforderungen konfrontiert werden, brauchen wir neue Lösungen. Und selbst wenn wir Dinge tun, die wir schon seit Ewigkeiten machen, ist es manchmal einfach an der Zeit, einen neuen Blick darauf zu werfen und zu schauen, ob es nicht eine bessere Möglichkeit gibt. Vielleicht gibt es technologische Fortschritte. Oder neue soziale Normen. Oder irgendetwas anderes, was die alte Lösung überholt erscheinen lässt. Und manchmal ist es einfach Zeit für Veränderung. Für Veränderung um der Veränderung willen. Jedes Mal, wenn deine angeborene Genialität der Aufgabe besser gewachsen wäre als dein Gehirn im Normalbetrieb.

Wie bereits erwähnt können die meisten Leute leider nicht auf ihre angeborene Genialität zugreifen. Warum ist das so? Alle Kinder sind sehr kreativ. Das ist eine angeborene menschliche Fähigkeit. Aber die meisten Menschen verlieren sie ir-

gendwie. Manche Leute behaupten, unser Bildungssystem entmutige, kreativ zu denken. Oder vielleicht geht es nur um eine Variante des alten Sprichworts:»Was Hänschen nicht lernt, lernt Hans nimmermehr«. Will heißen, dass wir vielleicht aufhören, nach neuen Lösungen für etwas zu suchen, sobald wir eine Lösung gefunden haben, die»gut genug« ist. Und am Ende haben wir für die meisten üblichen Probleme Lösungen, die gut genug sind. Und weil wir die Kreativität immer weniger nutzen, verkümmert sie wie ein nicht beanspruchter Muskel. Wer weiß?

Aber das spielt keine Rolle. Du hast diesen Muskel, und wenn du ihn trainierst, wird er wachsen und stärker werden. Egal für wie unkreativ du dich hältst, ich verspreche dir, dass sich das ändern kann. Und wenn du dich bereits für kreativ hältst, ist das großartig! Die Techniken in diesem Buch werden dir sicherlich helfen, deine Kreativität auf die nächste Ebene anzuheben.

Der Wine Self-Talk wurde entwickelt, um deine Kreativität zu steigern, und du könntest überrascht sein, wie grundlegend das ist, um ein absolut magisches Leben zu führen. Am Ende dieses Buches wirst du inspiriert sein, Kreativität zu einem festen Bestandteil deines Lebens zu machen, weil sie dir ein so fantastisches Gefühl vermittelt. Weil sie dir hilft, deine Träume und Ziele schneller zu manifestieren. Und weil du allgemein glücklicher sein wirst.

Das ist wahr. Ein kreatives Leben zu führen, ist wie die tägliche Einnahme einer Glückspille. Das Lustige daran ist für mich, dass ich keine Ahnung hatte, dass dies der Fall sein würde. Ich habe nicht gewusst, dass Kreativität eine so entscheidende Rolle spielt, wenn es darum geht, glücklich zu sein. Doch als meine Kreativität zunahm, weil ich mein Gehirn dahingehend trainierte, begann ich, mich anders zu fühlen. Tief in meinem Inneren. Als hätte ein Funke meine Seele entfacht, und er wuchs, und jetzt lodert das Feuer in allen Farben, die diese verrückten australischen Schmetterlinge sehen können! Das gibt mir das Gefühl, phänomenal zu sein. Und wow, mein Leben ist jetzt so viel interessanter. Und nur, um es noch mal zu wiederholen: Das kann jeder.

> Die Hauptfrage lautet nicht: »Was fördert die Kreativität?«,
> sondern warum in Gottes Namen ist nicht jeder kreativ?
> Wo ist das menschliche Potenzial verloren gegangen?
> Wo wurde es verkrüppelt? Deshalb denke ich,
> eine gute Frage wäre nicht, warum sind Menschen kreativ?
> Sondern warum sind Menschen nicht kreativ?
>
> Abraham Maslow

Kreativität für ein absolut magisches Leben

Die nackte Wahrheit lautet: Ohne Kreativität ist das Leben anstrengend. Da. Ich habe es ausgesprochen. Es ist langweilig. Kreativität hat so viele Vorteile. Sie ist vor allem eine wirksame Kraft, die dir hilft, ein funkelndes, magisches Leben zu führen. Wie? Weil es sich großartig anfühlt, kreativ zu sein. Kreativ zu denken. Wirklich etwas zu produzieren. Das ist ein gewaltiger Selbstwert-Booster, und dein Selbstvertrauen steigt sprunghaft an, wenn du anfängst, kreative Lösungen für alle möglichen Probleme zu finden – oder wenn du anfängst, mit großartigen Ideen aufzuwarten. Und dann nimmt dein Stresslevel ab!

Wie?

Na ja, Erfolg erzeugt Erfolg. Wenn du anfängst, jeden Tag aus einer Quelle der Kreativität zu schöpfen, wann immer eine Herausforderung auftritt, oder falls du eine neue Idee für irgendetwas brauchst, dann wirst du dieses verblüffende Vertrauen in deine Fähigkeit entwickeln, damit umgehen zu können. Es wird zu deiner neuen Normalität. Du gehst davon aus, dass deine Kreativität dir helfen wird, weil du deinen Kreativitätsmuskel gestärkt hast. Probleme sind keine große Sache mehr, weil du weißt, dass dir etwas einfallen wird.

Stell dir ein solches Leben vor, in dem du volles Vertrauen und Zuversicht in deine eigenen Fähigkeiten hast. Und je öfter du es tust, desto einfacher wird es. Der Wine Self-Talk hilft dir auf zwei großartige Arten, dorthin zu gelangen: das Minus und das Plus.

Das »Minus« bezieht sich auf Dinge, die du nicht magst, die aber durch Kreativität gelöst werden können. Probleme, Herausforderungen, Hürden, Hindernisse und so weiter. Sie existieren und sind Teil des Lebens, also keine große Sache. In Wahrheit wird ihre Lösung zur eigenen Belohnung, sobald du es gut beherrschst. Sobald du Vertrauen in deine Fähigkeit als Problemlöser oder Problemlöserin hast.

Hast du den Film *Der Marsianer* gesehen? Falls nicht, solltest du ihn heute Abend streamen. Falls du ihn bereits gesehen hast, schau ihn dir noch mal an! Es spielt keine Rolle, ob du auf Science-Fiction stehst oder nicht. Matt Damon spielt einen Astronauten, der allein auf dem Mars strandet und um sein Überleben kämpfen muss. Es ist eine erstaunliche Geschichte, weil er mit einem Wahnsinnsproblem nach dem anderen konfrontiert wird und er sich etwas einfallen lässt, immer und immer wieder. Und er nutzt dabei seine brillante ... Kreativität! Es ist so inspirierend zu sehen, wie er wahnsinnig schwierige Probleme löst, die die meisten von uns sich zu schluchzenden kleinen Astronautenkugeln zusammenrollen lassen würden.

Du könntest sagen:»Na ja, Kristen, das ist ja alles schön und gut, aber Damon spielt einen Astronauten mit all diesen wissenschaftlichen und technischen Fähigkeiten ... Das bin nicht ich.« Und das ist gut so, und weißt du warum? Weil du nicht auf dem verdammten Mars gestrandet bist. Du hast alle diese Mittel zur Verfügung: das Internet, die öffentliche Bibliothek ... Freunde aus den sozialen Medien! Wie deine Situation auch immer aussieht, es gibt eine Lösung, und du kannst sie *herausfinden*! Es gibt immer einen Weg.

Und dann ist da das Plus.

Das »Plus« bezieht sich auf den positiven Einsatz der Kreativität in deinem Leben. Die wunderbaren Dinge, die du dir im Leben wünschst. Die ehrgeizigen Dinge. Deine Ziele. Wenn du deine Ziele oder Erwartungen nicht sofort, ohne nachzudenken, benennen kannst, dann musst du dich hinsetzen und welche niederschreiben, weil Menschen, die sich Ziele setzen, bekanntlich zwei Dinge tun, die andere Menschen nicht tun: Erstens erreichen sie eine ganze Menge dieser Ziele, und zweitens leben sie tatsächlich länger. Ja, das stimmt, Menschen, die sich Ziele setzen und sich damit identifizieren, einen Lebenszweck zu haben, haben eine höhere Lebenserwartung.

Und dieses Plus ist die Stelle, an der die Schönheit der Kreativität wirklich erstrahlt. Es geht nicht nur um Problem-

lösungen, es geht um die Schaffung neuer Dinge, darum, künstlerisch tätig zu sein, sich auszudrücken und die Welt aus fantastischen neuen Perspektiven zu betrachten. Es geht um unkonventionelles Denken, darum, neue Verbindungen herzustellen – unentwegt – und allgemein im Denken anpassungsfähiger und neugieriger auf die Welt zu sein.

Der Wine Self-Talk ist speziell dafür entwickelt, um sowohl das Minus als auch das Plus anzusprechen. Das heißt, um dir zu helfen, Probleme zu lösen, aber auch dazu beizutragen, dass du zu dem schönen, selbstverwirklichten Geist erblühst, der zu werden du bestimmt bist.

Kapitel 3
Sechs Gaben
der Kreativität

Kreativität ist die Macht,
das scheinbar Unvereinbare zu verbinden.

William Plomer

Im vorherigen Kapitel habe ich einige Vorzüge der Kreativität erläutert, doch für unsere Zwecke mit dem entspannenden Wine Self-Talk können wir die Vorteile in sechs Kategorien unterteilen:

1. Magisches Leben
2. Schaffen von Optionen
3. Problembehebung
4. Langfristige Entspannung
5. Sagenhafte Ideen und Fantasie
6. Strahlende Gesundheit

Wir wollen uns einen Moment Zeit nehmen und jeden dieser Vorteile beleuchten, damit du das ganze Ausmaß ihrer Bedeutung erfassen kannst und wirklich Lust bekommst, mit dem Ritual zu beginnen.

1. Magisches Leben

Wenn ich an die Wörter »kreativ« beziehungsweise »Kreativität« denke, habe ich automatisch ein Glitzern und Magie vor Augen. Schnörkel, Neugier und Fragen. Vielleicht liegt es daran, dass ich, wenn ich früher an Kreativität gedacht habe, immer Bilder von Fantasie und reiner Vorstellungskraft gesehen habe. Etwa gelbe Straßen aus Backstein, Zauberer, Farben. Musik. Künstler, die in Taos, Neumexiko, lange Jeansröcke tragen und mit kühnen Strichen in grellen Farben epische Landschaften des Südwestens malen. Und mit solchen Bildern im Kopf ergibt es einfach Sinn, dass man, wenn man mehr Kreativität im Leben hat, automatisch ein magischeres Leben führt!

Aber es gibt noch andere Formen der Kreativität. Und es gibt mehr als nur die Ergebnisse, die man erzielt, wenn man kreativ lebt und ein kreativer Mensch ist. Das heißt, der Akt der Kreativität selbst ist an sich bereits befriedigend. Sehr sogar. Und deshalb macht dich Kreativität, egal welche Form sie annimmt, egal was du aktuell damit anfängst, eindeutig glücklicher – und das bedeutet, dass du ein magischeres Leben führst.

In meinen Büchern *Auf einen Kaffee mit dir selbst* und *Bettgeflüster für die Seele* habe ich nachdrücklich darauf hingewiesen, wie wichtig es für ein sagenhaftes Leben ist, erhaben zu denken und zu fühlen. Mit anderen Worten: Denke schöne Gedanken und fühle schöne Gefühle, um ein magisches Leben zu führen. Durch die Einbeziehung der Kreativität heben wir die Dinge auf die nächste Ebene.

Was ist ein magisches Leben?

Ein magisches Dasein ist ein Leben, in dem du die meiste Zeit sehr glücklich bist! Du bist in einer großartigen Stimmung. Sorgen und Stress, ob groß oder klein, sind deutlich reduziert. Manchmal sogar auf null. Wenn du einen schlechten Tag hast, ist das unbedeutend und minimal ... eine Kleinigkeit. Schnell geheilt und vergessen.

Ein magisches Leben ist voller verblüffender Synchronizitäten. Ereignisse häufen sich in deinem Leben, na ja, wie von Zauberhand. Es geht darum, sich Ziele zu setzen, sie mit großer Energie anzugehen und fantastische Dinge anzuziehen und zu manifestieren, sei es Gesundheit, Reichtum oder Liebe. Das ist ein magisches Leben. Und es ist unglaublich.

Man wacht jeden Tag freudig und neugierig auf. Man fühlt Sinn und Antrieb, die jeden Schritt zur Umsetzung deines Traumlebens befeuern. Du fühlst dich ermutigt, dich als die beste, schönste und authentischste Version deines Selbst zu präsentieren. Und Kreativität spielt dabei eine gewaltige Rolle.

Den größten Teil meines Lebens betrachtete ich mich nicht als kreativ, selbst nachdem ich zahlreiche Sachbücher verfasst hatte. Ich meine, komm schon, Sachbücher und kreativ? Ich habe mir immer vorgestellt, dass ich nur Fakten vermittele oder Forschungsergebnisse neu verpacke. Du weißt schon, eine Art technische Fähigkeit, aber keine Kreativität. Doch es war mein Mann, der mich eines Tages darauf hinwies, dass ich für diese Bücher in meiner eigenen Küche mehr als 500 Rezepte ersonnen hatte und dass es dafür buchstäblich kein besseres Wort gebe als *kreativ*.

Hui, dachte ich. Vermutlich hat er recht. Das Problem war, dass ich eine zu eng gefasste Definition des Wortes verwendete. Und deshalb identifizierte ich mich nicht damit. Was mich veranlasste zu denken, dass es da draußen durchaus kreative Menschen gibt, dass ich aber nicht zu ihnen zählen würde.

Nun, das ist nicht nur eine beschissene Denkweise, es ist auch einfach falsch. Jetzt kann ich darüber lachen. *Jetzt* weiß ich es besser. Weil das Verfassen von Sachbüchern genauso kreativ ist wie das Kochen oder das Gärtnern oder das Aussuchen eines tollen Outfits, das Tanzen, die Bauchrednerei, das Tagebuchschreiben oder Geschichtenerzählen oder das Ausschmücken von Klatsch mit wilden Gesten und Übertreibungen, sodass die Freunde in hysterisches Gelächter ausbrechen. (Hallo, Mom!)

Falls du dich wirklich mit der Wissenschaft beschäftigen willst, weshalb ein kreatives Leben für ein magisches Dasein sorgt, hier die kurze Antwort: weil die Nutzung dieses Teils deines Gehirns dich häufiger in den Flow-Zustand versetzt. »Flow« ist ein mentaler Zustand, den Psychologen in allen möglichen Situationen untersucht haben. Es ist dieser unglaubliche Geisteszustand, in dem die Zeit dahinfliegt und es sich nahtlos und aufregend anfühlt, woran man auch immer gerade arbeitet. Man taucht darin ein. Mühelos. Man ist in seinem Element. Man ist eins mit dem, was man tut, sei es, dass man etwas verschönert, sich eine neue Fertigkeit aneignet oder ein neues Produkt entwickelt. Wenn mein Mann in der Garage herumbastelt, etwas aus Holz oder Metall herstellt oder etwas auf Photoshop entwirft, dann vertieft er sich buchstäblich stundenlang und merkt nicht einmal, dass er an diesem Tag noch nichts gegessen hat. Man gerät in diesen Modus, der Spaß macht und stimuliert, aber dennoch eigenartig entspannend ist, sodass es leichtfällt, immer weiterzu-

machen. In gewisser Weise ist es wie ein milder Zustand der *Glückseligkeit.*

Der Flow-Zustand fühlt sich wunderbar an und tritt ein, wenn dein Gehirn entweder mit Alpha-Wellen oder Theta-Wellen funktioniert (Theta-Wellen treten auf, wenn man in den Schlaf driftet). Beide fühlen sich fantastisch an, sind entspannend und Teil des Kreativprozesses. Wenn ich im Flow bin, bin ich um vieles produktiver. Wenn ich im Flow bin, sind alle Ängste verflogen, meine Lernleistung steigt, und meine Kreativität funkelt wie Diamanten in meinem Kopf.

Im Flow zu sein, fühlt sich unglaublich und wie Magie an. Aber im Gegensatz zu vielen anderen Spitzenzuständen ist der Flow, in den man beim kreativen Schaffen gerät, leicht zu erreichen und wiederholbar. Man kann es buchstäblich jeden Tag tun, vorausgesetzt, man hat die Zeit dazu. Es kann zur Gewohnheit werden. Zur Routine. Und wenn dieses erhabene Gefühl täglich die Seele sättigt, kannst du erkennen, wie leicht es dir fallen kann, deine Träume näher zu dir zu ziehen, weil dein durchschnittliches Energieniveau so viel höher ist.

Aber es gibt noch etwas, um durch mehr Kreativität ein magisches Leben zu führen. Dein Selbstvertrauen geht nämlich durch die Decke. Wenn es für dich etwas Neues ist, Kreativität zu einem Bestandteil deines Lebens zu machen – genauer gesagt, wenn du dich bisher nicht als kreativen Menschen betrachtet hast –, gehst du die Sache zunächst automatisch eher schüchtern an. Und da kommt der Wine Self-Talk ins Spiel. Er ist enorm hilfreich, um deine Kühnheit anzuheben. Und sobald du es dir angewöhnt hast und beginnst, dich auf diese neue Art zu sehen, wird die kreative Denkweise für dich selbstverständlicher, das kreative Denken geht dir in Fleisch

und Blut über, deine Intuition verstärkt sich, deine Fähigkeiten verbessern sich durch Übung, und dein Selbstvertrauen, deine Kreativität als Werkzeug für dein magisches Leben nutzen zu können, blüht auf.

Wie bereits erwähnt, beruht die Umsetzung deines Lebenstraums auf einem Fundament von Selbstliebe und Selbstwertgefühl. Positive Selbstgespräche von der Art, die du in den Texten in Teil II findest, helfen dir, ein starkes Fundament von Selbstwert aufzubauen, und das verstärkt automatisch dein Selbstvertrauen. Die gute Nachricht ist, dass das umgehend geschieht, sogar noch, bevor du anfängst, mehr kreatives Denken in dein Leben zu bringen.

Und nicht zuletzt macht Kreativität das Leben vergnüglich. Ich meine, sehen wir es so … Was waren deine Lieblingsdinge in deiner Kindheit? Höchstwahrscheinlich steht das Malen ganz oben auf der Liste. Oder Puzzles oder Spiele (also Problemlösung). Oder mit Puppen spielen (also Geschichtenerzählen). Das alles ist Kreativität. Und wenn du anfängst, die Erwachsenenversion dieser Dinge zu tun, für die dein Gehirn gemacht ist, wird dein Leben ganz von allein vergnüglicher.

2. Schaffen von Optionen

> Die beste Möglichkeit, die Zukunft vorherzusagen,
> ist, sie zu erschaffen.
> Peter Drucker

Macht ist die Fähigkeit zu handeln. Zu tun, was man will. Möchtest du frei sein, deine eigenen Entscheidungen zu treffen? Deine Träume umzusetzen? Dein magisches Leben zu leben? Das alles setzt Macht voraus. Aber woher kommt diese Macht?

Macht entsteht dadurch, dass man Optionen hat. Du magst deinen Job nicht? Die Person, die ein Dutzend Jobangebote von anderen Unternehmen erhält, hat Optionen. Die Person, die eine Million Euro auf dem Konto hat, hat Optionen. Diese Personen können bei Verhandlungen Druck ausüben.

Wenn du keine Optionen hast, verlierst du deine Macht. Deshalb besteht einer der größten Vorteile der Nutzung deiner angeborenen Genialität darin, sie aufzufordern, Optionen zu schaffen. Und deine angeborene Genialität ist sehr gut darin, deine Bitten zu erfüllen.

Du: »Hallo, angeborene Genialität. Das ist meine Situation ... Was sind meine Optionen?«

Angeborene Genialität: »Gute Frage. Lass mich daran arbeiten. Hast du Wein?« Haha.

Hast du den Film *Ohne Limit* aus dem Jahr 2011 gesehen, in dem Bradley Cooper die Hauptrolle spielte?

Der Film ist ein Science-Fiction-Thriller mit einer faszinierenden Prämisse: Ein Typ (Bradley) steckt im Trott fest. Er kommt nicht weiter, nachdem er seit einer Ewigkeit an einem Buch geschrieben hat, ohne voranzukommen; er kann seine Miete nicht mehr bezahlen, lebt in erbärmlichen Verhältnissen und so weiter. Eines Tages gibt jemand ihm eine Tablette, eine bewusstseinsverändernde experimentelle Droge. Schon nach wenigen Augenblicken wird Bradleys Gehirn ungeheuer scharfsinnig und bemerkt jedes winzige Detail in seiner Umgebung. Mit einem Mal hat er sofortigen Zugriff auf jedes Neuron in seinem Gehirn, auf jede Information, die er in seinem Leben erhalten hat, auch auf alles, was er je bemerkt oder vergessen hat, und damit hat er einen IQ von etwa einer

Million. Er ist so etwas wie ein Superheld. Und von da an wird es ... abenteuerlich.

Bradley bekommt Ärger mit schlimmen Typen, und er nutzt seine bewusstseinsverändernden Pillen, um sich aus ausweglosen Situationen zu befreien, indem er sich zum Beispiel augenblicklich mit Kampfkunst auskennt, weil er als Kind *einmal* im Fernsehen Experten kämpfen sah.

So etwas nennt man Zugriff auf seine innere Genialität!

Wird der Wine Self-Talk dir dazu verhelfen? Schön wäre es! Und es gibt eine hilfreiche Parallele. Der Film wirft unweigerlich eine Frage auf: Was wäre, wenn wir Zugriff auf alle Informationen in unserem Gehirn hätten? Was würden wir damit anfangen?

Welche Optionen könnten wir wahrnehmen, die wir jetzt nicht erkennen? Welche Optionen könnten wir schaffen, die jetzt nicht vorhanden sind?

Stell dir vor, die mentale Fähigkeit zu besitzen, dich aus jeder Situation herauszudenken zu können. Wir würden, na ja, wir würden keine Grenzen kennen.

Und ... du hast solche mentalen Fähigkeiten. Zumindest theoretisch. Du bist in gewisser Weise grenzenlos. Ich meine, klar, manche Probleme kann der Mensch nicht beeinflussen. Für manche Probleme könnte es genau genommen keine Lösung geben. Aber für alles andere basieren die Begrenzungen zum großen Teil auf unserer Unfähigkeit zu wissen, was zu tun ist.

Was wäre, wenn dein Gehirn wirklich gut darin wäre, mit Optionen aufzuwarten? Du könntest fast alles tun. Es gibt

jede Menge Techniken, Übungen, Bücher und Kurse zur Entwicklung der Kreativität. Wir kratzen hier wirklich nur an der Oberfläche, und ich ermuntere dich, dich darüber schlau zu machen, wenn du dich dafür interessierst. Aber ich habe nie einen einfacheren, leichteren und unterhaltsameren Weg gefunden, um Kreativität zu entwickeln – das heißt, die angeborene Genialität zu nutzen – als Selbstgespräche.

Jede Technik, die dir neue Möglichkeiten beibringt, um deine Kreativität zu erweitern oder spontan mit neuen Optionen aufzuwarten, ist es wert, unter die Lupe genommen zu werden. Aber soweit ich weiß, gehört bei keiner der Genuss von köstlichem, entspannendem Wein dazu!

3. Problembehebung

Kreatives Denken hilft dir bei jedem Problem in deinem Leben. Es kann dich dabei unterstützen, finanzielle Probleme zu lösen. Es kann dir helfen, gesundheitliche Probleme zu lösen. Es kann dir helfen, Beziehungsprobleme zu beheben. Deshalb wird dir die Verbesserung deiner kreativen Fähigkeiten bei jedem Thema in deinem Leben nützlich sein. Manchmal, indem sie sofort helfen, Lösungen zu finden. Ansonsten unterstützen sie dich dabei, einen Strategieplan für eine langfristige Lösung aufzustellen, bei dem du die Details erst später festlegst. Manchmal wird es dir, wie oben beschrieben, helfen, Probleme durch die Schaffung neuer Optionen zu lösen. Und schließlich eignen sie sich dazu, Probleme von vornherein zu vermeiden.

Wie hilft Kreativität bei all dem? Kreatives Denken macht dich grundsätzlich klüger, indem mehr und neue Verbin-

dungen in deinem Gehirn hergestellt werden, die zuvor nicht da waren. So einfach ist das. Ideen entstehen auf neue und neuartige Weise, und du hast mehr Aha-Momente. Steve Jobs sagte einmal: *Kreativität ist, Dinge miteinander zu verbinden.* Beginne also, Verbindungen herzustellen, und du setzt deine angeborene Genialität frei! Sobald du das tust, wirst du dein Leben mit mehr Schwung angehen und dich mit mehr Elan in Probleme – große wie kleine – hineinknien. Mit mehr Selbstvertrauen. Mehr Köpfchen. Sobald du diese Fähigkeit entwickelt hast, wird es dir nichts mehr ausmachen, wenn du vor eine Herausforderung gestellt wirst, weil du einfach nach deinem Wundermittel greifst und das Ding durchziehst.

4. Langfristige Entspannung

Der Wine Self-Talk – dein *Dolce Vita für die Seele* – ist vom ersten Moment an entspannend. Kurzfristige Entspannung ist wunderbar. Aber wir alle wünschen uns langfristige Entspannung. Entlastung von Stress und Sorgen. Auch dazu kann der Wine Self-Talk beitragen. Um das zu erklären, lohnt es sich, sich einen Augenblick mit der interessanten Frage nach dem Huhn und dem Ei – Entspannung und Kreativität, wer war zuerst da? – zu beschäftigen.

Wenn du in einer kreativen Verfassung, d.h. in einem *Flow-Zustand* bist, sind Sorgen und Stress reduziert. Stress hemmt den Blutfluss in deinem Gehirn, wodurch dein unterversorgtes Gehirn gezwungen ist, hyperfokussiert zu bleiben, was es davon abhält, Verbindungen zwischen verschiedenen Gehirnarealen herzustellen. Wertvolle Kreativitätsverknüpfun-

gen erlöschen. Kein Glitter. Keine Erleuchtung. Keine genialen Geistesblitze. Mark Beeman, Professor für Psychologie an der Northwestern University sagt: *Je mehr Sorgen wir haben, desto weniger Erkenntnisse gewinnen wir.*

Wenn du unter großem Stress stehst oder von Sorgen erdrückt wirst, kannst du die Lösungen, die du brauchst, nur sehen, wenn du dich *nicht* gestresst oder besorgt *fühlst!*

Was zum Teufel? Das ist nicht fair. Das ist eine mentale Falle!

Stress kann dich einfrieren, quasi zu Eis werden lassen. Das macht es absolut unmöglich, dir zu dem Zeitpunkt, an dem du es am dringendsten bräuchtest, etwas einfallen zu lassen. Die Antworten mögen ja da sein, irgendwo tief in deinem Unterbewusstsein, aber du hast, wenn du gestresst bist, keinerlei Zugriff darauf.

Jetzt kommt es mir komisch vor, aber es ist nicht lange her, da hätte ich niemals davon geträumt, dass eine kreative Denkweise der Schlüssel zur Lösung der meisten stressreichen Probleme im Leben sein kann, wie zum Beispiel finanzielle Probleme oder Sorgen bei der Arbeit. Das lag daran, dass ich nicht erkannte, worum es bei der Kreativität wirklich geht. Ich dachte, Kreativität sei Modedesign, Poesie, Songwriting. Für mich hatte sie nichts damit zu tun, wie man etwa Schulden loswird, eine neue Karriere startet oder Zugang zu einem schwierigen Teenager findet. Ich war engstirnig, hatte eine Betonmauer um meine beschränkte Vorstellung, was das Wort tatsächlich bedeutet.

Kreativität ist ein unglaubliches Werkzeug – *für alles im Leben.* Ja, fürs Malen und dergleichen, aber auch für so viel

mehr. Kreativität ist im Grunde eine Art von Intelligenz. Sie wird sogar mit folgenden großartigen Synonymen umschrieben: Inspiration, Einfallsreichtum, Erfindergeist, Originalität, Findigkeit, Unternehmungsgeist, Innovationskraft.

Als mir das klar wurde, zerstörte eine Abrissbirne diese Betonmauer. Mein Leben sollte nie mehr dasselbe sein. Schnell erkannte ich, dass Kreativität wesentlich ist, um ein magisches Leben zu führen. Vielleicht sogar eine Grundvoraussetzung.

Ich bin mir sicher, dass du dich an Zeiten erinnern kannst, in denen du so gestresst warst, dass du dich abgekapselt und eine Enge in der Brust gespürt hast. Ich habe das erlebt, und es ist anstrengend! Man möchte sich wie ein Fötus zusammenrollen. In einem solchen Zustand ist man nicht aufgeschlossen oder offen genug, um das hilfreiche Wispern des Universums oder deiner angeborenen Genialität wahrzunehmen.

Wenn du gestresst bist, verändert sich die Blutzufuhr in dein Gehirn, um die Konzentration zu intensivieren. Aber wenn du nicht auf die Antworten kommst, führt das manchmal dazu, dass man in einer obsessiven Dauerschleife hängen bleibt. Das behindert jegliche Kreativität, weil es dein Gehirn davon abhält, einen Schritt zurückzumachen, um sich einen breiteren Überblick zu verschaffen und nach weniger konventionellen Lösungen Ausschau zu halten.

Wenn man gestresst ist und alles überanalysiert, kann das Gehirn in einem Zustand der Beta-Wellen stecken bleiben, was dich in einen Zustand der erhöhten Wachsamkeit und des kritischen Denkens versetzt. Beta-Gehirnwellen sind

großartig, wenn man sie braucht, wie zum Beispiel bei vielen geistigen Aufgaben im Job, beim Bezahlen der Rechnungen, wenn man sich an ein Rezept halten muss und so weiter. Aber sie können außer Kontrolle geraten und zu übermäßig viel Sorgen, Erregung, Adrenalinausschüttung und der Unfähigkeit zu entspannen führen.

In Zeiten wie den unseren braucht man eine Möglichkeit, die Beta-Gehirnwellen zu beruhigen und für Alpha-Wellen Platz zu machen – das sind die fließenden Wohlfühlwellen. Wenn du mit Alpha-Wellen surfst, neigst du eher zum Tagträumen, bist aufgeschlossen und entspannt. Du siehst die Dinge aus verschiedenen Blickwinkeln, stellst neue Verbindungen her und hast neue Einfälle.

Sorgen und Anspannung stellen einen Frontalangriff auf deine Kreativität dar. Sie frieren sie ein – wie Eis. Kein Flow-Zustand, und du bleibst in dem stecken, was ich den *Stresszyklus* nenne:

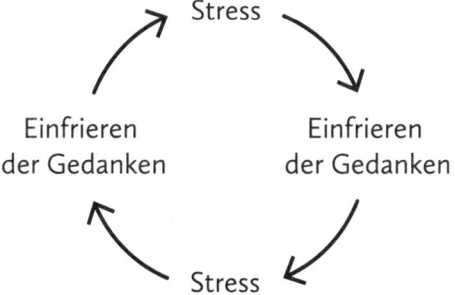

Und wie kann man diesen lähmenden Stresszyklus durchbrechen? Es gibt einen anderen Zyklus, das Gegenteil zum Stresszyklus, den ich als den *Lösungszyklus* bezeichne. Er sieht so aus:

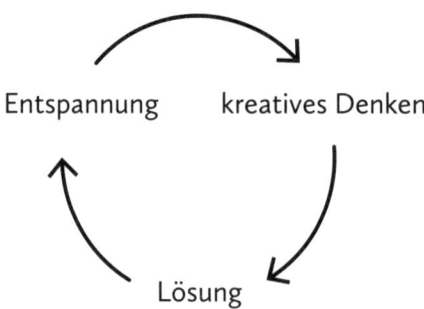

Entspannung   kreatives Denken

Lösung

Stell dir vor, du stehst vor einem Problem. Wenn du das Problem gut gelaunt anpackst (nicht gestresst, sondern entspannt bist, also Alpha-Gehirnwellen hast), dann ist gemäß dem Lösungszyklus die Wahrscheinlichkeit deutlich größer, dass dir eine Lösung für dein Problem einfällt. Wenn du das Problem gelöst hast, fühlst du dich entspannt. Und wenn du entspannt bist, kannst du besser kreativ denken, und so wiederholt sich der Zyklus.

Du kannst komplexe Probleme lösen, indem du sie in Mini-Probleme herunterbrichst und jedes einzelne davon mithilfe der Macht deines kreativen Geistes, Mini-Lösungen für jedes Mini-Problem zu finden, nach und nach abarbeitest.

Bedenke, dass ich sagte: »Wenn du das Problem *gut gelaunt* anpackst ...« Das ist das Entscheidende. Wenn du gestresst loslegst, wird der Lösungszyklus nie in Gang kommen. Er wird nie hochfahren. Stattdessen steckt man leicht im Stress-zyklus fest.

Wenn du entspannt loslegst, bist du gut gerüstet. Aber was macht man, wenn man total gestresst ist und keinen Ausweg sieht? Der Wine Self-Talk kommt zu Hilfe! Der Wine Self-Talk ist der Ausweg.

Eine der wunderbaren Besonderheiten von Selbstgesprächen ist, dass man sie führen kann, selbst wenn man wahnsinnig unter Stress steht. Man muss nicht warten, bis man glücklich, »in der Stimmung« oder bis »einem danach« ist. Man kann seine Selbstgespräche führen, selbst wenn man das Gefühl hat, alles breche gerade zusammen. Und das Beste daran ist: *Es funktioniert trotzdem.*

Der Wine Self-Talk wirkt auf dein gestresstes Gehirn durch etwas, was wir Musterunterbrechung nennen. Es gibt andere Musterunterbrechungen: Ein bekanntes Beispiel stammt von alten Filmen, wenn jemand durchdreht und ein anderer ihm eine Ohrfeige gibt oder ihm kaltes Wasser ins Gesicht schüttet, wodurch der Betroffene augenblicklich wieder zur Vernunft kommt.

Wenn du das Wine-Self-Talk-Ritual durchführst – mit der Kombination aus entspannendem Wein (oder einem anderen Getränk, was dich froh stimmt), der entspannten Stimmung der Umgebung (gedimmte Lichter, Ruhe usw.) und den sorgfältig gewählten Worten deines Self-Talk-Textes –, dann verbinden sich diese, um das Muster deiner Beta-Gehirnwellen zu brechen und zu einem entspannten, ruhigen Zustand von fließenden Alpha-Wellen zu führen.

In Zeiten von extremem Stress kannst du deinen Text mehrfach wiederholen, sogar eine Stunde lang; du kannst an deinem Wein nippen und dich selbst in einen leicht hypnotischen Trancezustand versetzen. Das ist nichts Neues. Menschen, die meditieren und Selbsthypnose nutzen, taten schon seit jeher etwas Ähnliches. Ich setze den Wine Self-Talk im Allgemeinen nicht damit gleich, weil das nur der Extremfall ist. In den meisten Situationen ist eine solche Intensität nicht

notwendig und das normale zehn- bis fünfzehnminütige Wine-Self-Talk-Ritual ausreichend.

Doch auch wenn du in keiner großen Krise steckst, möchtest du vielleicht dieses erweiterte Format ausprobieren, um noch tiefer in deine Quelle der Kreativität einzutauchen, nur um zu sehen, was passiert. Für die besten Ergebnisse solltest du darauf achten, nicht zu viel zu trinken, indem du deinen Weinkonsum verlangsamst.

5. Sagenhafte Ideen und Fantasie

Sobald du Vertrauen in deine Kreativität hast, beginnst du, einen sagenhaften Einfallsreichtum (»Ideenbildung« genannt) und hervorragende Fantasie zu entwickeln. Deine Gedanken fliegen himmelhoch, als wären sie auf einem fliegenden Teppich unterwegs. Du siehst die Dinge anders, und das führt zu einem steten Strom neuer Ideen. Dieses Selbstvertrauen gibt dir die Freiheit, kühne Mutmaßungen anzustellen. Groß zu denken. Entschieden an deinen Plänen festzuhalten. Du gehst mit weit geöffneten Augen durch die Welt – staunend, wissend und mutig.

Unternehmen verlangen von ihren Top-Angestellten Kreativität, und das aus gutem Grund. Kreativität verbessert durch die Förderung von Innovationen den Nettoprofit. Das heißt, dass Kreativität auch dein Leben ankurbeln kann. Laut *The Creative Dividend* hat Adobe die Firma Forrester Consulting mit der Untersuchung beauftragt, inwieweit sich Kreativität auf Unternehmensergebnisse auswirkt. Die Forrester-Studie kam zu dem Schluss, dass »... Unternehmen, die Kreativität begrüßen, Konkurrenten bei entscheidenden Indikatoren der Geschäftsentwicklung übertreffen, einschließlich Umsatzwachstum, Marktanteil und Talentgewinnung«.

Deshalb musst du es ebenso sehen. Wenn du mehr Ideen und mehr Fantasie hast, hast du mehr Gelegenheiten, dein Einkommen zu erhöhen, deine Beziehungen zu verbessern und das Leben mehr zu genießen.

Zunächst hatte ich keine Ahnung, was ich tun soll, um den Wohlstand, den ich haben wollte, anzulocken, dann schrieb ich innerhalb von einem Jahr viele, viele Romane. Wenn ich jetzt morgens aufwache, sehe ich das Leben in ganz neuen Farben und Formen und aus neuen Blickwinkeln. Wenn ich etwas tue, neige ich den Kopf wie ein Hund, ich bin neugierig und frage mich, ob es andere Wege und neuere Sichtweisen gibt. Ich freue mich auf andere Meinungen, treffe Menschen aus allen Gesellschaftsschichten und erkunde neue Lebensperspektiven.

Das macht ein kreatives Leben aus. Es ist seltsam. Es ist verlockend. Es erzeugt Kreativität, weckt sagenhafte Emotionen und ein unglaubliches Gefühl von Kontrolle, dennoch ist es auch auf lustige, aufregende Art außer Kontrolle. Es ist, als wäre man in eine Achterbahn geschnallt, was für Sicherheit sorgt, aber man fährt steil bergab und durch Kurven und Loopings, und das ist beglückend! Ich möchte damit sagen: Es macht so viel Spaß, so zu leben! Kreativität ist einfach mega!

Die Wine-Self-Talk-Texte in Teil II werden dir helfen, deine Vorstellungskraft zu verbessern, und dein Vertrauen in deine Kreativität ankurbeln. Wein hilft dabei, aber genau genommen ist er nicht notwendig. Der Prozess funktioniert. Ich laufe in-

zwischen immer mit einem Notepad oder mit meinem Handy herum, bei denen die Notes App ständig geöffnet und bereit ist, meine Ideen zu speichern, weil sie jeden Tag von morgens bis abends aus mir heraussprudeln. Selbst wenn ich an etwas anderem arbeite, spuckt meine Kreativmaschine weiter Dinge aus, und meine Performance geht durch die Decke, weil mein Gehirn von einem Kessel voll reichhaltiger Neurochemie gesättigt wird – Endorphine, Serotonin und Dopamin. Einfach klasse! Sie befeuern mein Gehirn, und es ist jedes Mal fantastisch. Man fühlt sich größer als das Leben und hat auf einmal Sinn, Ziel und Richtung. Es ist unglaublich.

6. Strahlende Gesundheit

Wie bereits erwähnt, verringert Kreativität Stress und Sorgen, und das hilft dir, deine Gesundheit und dein Wohlbefinden zu verbessern. Wenn du dich im kreativen Zustand befindest, wenn du diesen Flow spürst, wird das deine Stimmung aufhellen und kann sogar deine Herzschlagrate senken. Ruhe breitet sich in deiner Seele aus, aber du bist noch immer voller angeregter Energie, die dich antreibt, dich strahlen und funkeln lässt.

Einer der Gründe, weshalb sich das alles so gut anfühlt, ist das Dopamin, der »Wohlfühlbotenstoff«, der dich zum Weitermachen motiviert. Er wird in deinem Gehirn ausgeschüttet, wenn du dir Ziele setzt. Und dann schüttet dein Gehirn ihn weiter jedes Mal aus, wenn du Schritte hin zu diesen Zielen unternimmst. Deshalb stellt allein die Tatsache, dass du dieses Buch in den Händen hältst, eines deiner Ziele dar, weil du die Vorteile nutzen willst, die die Lektüre dir bringt.

Und es fühlt sich auch gut an, wenn man Fortschritte macht, beispielsweise ein Kapitel gelesen hat, weil man einen Schritt hin zu seinem Ziel unternimmt, das Buch durchzulesen und den Wine Self-Talk zu beginnen. Ziemlich cool, was? Da du jetzt weißt, wie das Dopamin-Belohnungssystem deines Gehirns funktioniert, kannst du nach anderen Zielen und Fortschritten in deinem Leben Ausschau halten und dir kleine Regeln setzen, um mit dem System zu spielen (beispielsweise definieren, was als Ziel und was als Fortschritt gilt), damit du kleine Wohlfühlmomente hast.

Mit dieser verbesserten Stimmung und dem gesteigerten Wohlbefinden kann auch mehr Kreativität in deinem Leben Depressionen und Ängste vertreiben. Weil Dopamin wie ein natürliches Antidepressivum wirkt. Wenn du kreativ bist, bist du entspannt. Wenn du deinen Kreativitäts-Hut aufsetzt und in diesen magischen Flow-Zustand gerätst, reduzierst du das Gedankenkreisen, und Sorgen und Ängste verfliegen ganz von allein. Es ist so, wie wenn du frierst, weil du draußen im Schnee warst, und du ins warme Haus gehst und dich sofort sicher und behaglich fühlst.

Mir war nie klar gewesen, wie eng Stress, Entspannung und Kreativität miteinander zusammenhängen. Bei starkem Stress ist die Entspannung (natürlich) gering, und das heißt, dass auch die Kreativität beeinträchtigt ist. Bei guter Entspannung ist auch die Kreativität gut. Das ergibt für mich inzwischen Sinn, aber das war nicht offensichtlich. Kein Wunder, dass ich, als ich unter Stress stand, nie gute Geschichten schreiben konnte. Mein Geist funktionierte einfach nicht so gut.

Tatsächlich ist das alles für die langfristige Gesundheit deines Gehirns sehr wichtig. Laut CBS News ergab eine von

der Mayo Klinik durchgeführte Studie, dass »... ein kreatives Hobby dazu beiträgt, das Risiko einer Demenzerkrankung zu senken und das Gedächtnis zu erhalten ... Studienteilnehmer, die sich im mittleren und höheren Alter künstlerischen Hobbys widmeten, beispielsweise dem Malen, Zeichnen oder der Bildhauerei, zeigten eine um 73 Prozent geringere Wahrscheinlichkeit, eine milde kognitive Beeinträchtigung zu erleiden, als diejenigen, die das nicht taten«.

Ein Artikel bei Silver Sherpa berichtete über die Arbeit des Verhaltensneurologen Luis Fornazzari, und darin hieß es: »Mein Team fand heraus, dass sich die Anatomie des Gehirns von Musikern deutlich von der bei anderen Menschen unterscheidet. Während die Musiker ihre Fähigkeiten und ihr Talent entwickelten, bauten sie spezielle neuronale Netze auf, die deutlich widerstandsfähiger gegen die Auswirkungen eines Schlaganfalls, der Degeneration und sogar traumatischer Gehirnverletzungen waren ... Kunst hat eine langfristig positive Wirkung auf das Gehirn.«

Jetzt denkst du wohl: Aber Kristen, ich spiele doch kein Musikinstrument!

Nun, du kannst damit anfangen! Sobald du das, worum es in diesem Buch wirklich geht, voll erfasst hast, wird die Aussicht, ein gewaltiges Ziel umzusetzen – wie zum Beispiel ein Musikinstrument zu spielen oder eine Fremdsprache zu lernen –, nicht mehr abschreckend, sondern aufregend sein!

Und das ist nur eine der Möglichkeiten, wie du den Wine Self-Talk nutzen kannst, um dich zu inspirieren und den Wunsch zu wecken, neue Dinge zu lernen. Vielleicht spielst du jetzt kein Musikinstrument, aber du kannst deine Wine-

Self-Talk-Texte anpassen, um dich auf dieses Ziel zu konzentrieren. Und natürlich ist das nicht auf Musik beschränkt. Deine Selbstgespräche können dir helfen, deine Begeisterung zu wecken, um dich auf jede neue kreative Reise zu begeben. Tanzen, Kochen, Bildhauerei, Grafikdesign, Schauspielerei, Schriftstellerei, Programmieren und so weiter!

Ziel dieses Buches ist, dir zu helfen, deine Kreativität freizusetzen, damit du ein magischeres Leben führen kannst. Es soll dir helfen, den Zusammenhang zwischen Stress und Kreativität zu erkennen, und dazu beitragen, dass du dieses Ritual zur Entspannung nutzen kannst und um deine kreativen Gedankenprozesse ... deinen Kreativitätsmuskel zu stärken. Deine angeborene Genialität.

Und deshalb konzentrieren sich sämtliche Texte in Teil II auf unterschiedliche Aspekte, um dein Leben durch die Erkundung und Freisetzung deiner unglaublich kreativen Quelle magisch zu machen. In *Auf einen Kaffee mit dir selbst* habe ich eine allgemeinere, abgerundete Liste von vorgefertigten Self-Talk-Texten bereitgestellt, die von Gesundheit und Langlebigkeit bis hin zu Wohlstand und Erfolg reichten, und Texte, die sich auf die Themen Liebe, Beziehungen und Elternschaft konzentrierten. Aber beim Wine Self-Talk besteht unser Ziel darin, deine Kreativität als integralen Bestandteil deines magischen Lebens anzukurbeln. Ich wiederhole, kreativ sein fühlt sich wie Magie an. Ehrlich. Wenn dein Gehirn Verbindungen mit scheinbar unzusammenhängenden Dingen herstellt, fühlt es sich an, als würde etwas passieren, und das ist ein fast übernatürliches Gefühl. Und das kannst du erreichen, indem du dich mit einem Glas Wein hinsetzt und deine Texte liest.

Kapitel 4
Wine Self-Talk

Lass eine Lücke in irgendeiner Ecke deines Gehirns,
und Kreativität wird sie sofort füllen.

Dee Hock

Als ich es wagte, Schriftstellerin und Unternehmerin zu werden, sehnte ich mich nach einem Prozess, um Ideen auszubrüten, um inspiriert zu sein und mich zugleich magisch und ermächtigt zu fühlen. Ich habe hinsichtlich meiner Kreativität einen weiten Weg zurückgelegt, und das dank meiner Selbstgespräche.

Es war eine interessante Reise. Ursprünglich hatte ich Typ-A-Persönlichkeitsmerkmale, zählte also zu den Perfektionistinnen und hatte die Mentalität einer Peitschenschwingerin. Damals kam mir Kreativität wie eine versponnene, etwas nutzlose Qualität vor, bis ich jemanden brauchte, der mir Werbung oder ein Buchcover entwarf. Meist assoziierte ich Kreativität mit Künstlern, und ich kannte nicht viele Künstler, und diejenigen, die ich kannte, schienen alle Schwierigkeiten zu haben, ihren Lebensunterhalt zu verdienen. Es gab ein paar Ausnahmen: Freunde meines Mannes, die Konzeptkünstler von Videospielunternehmen waren oder visuelle Effekte für Hollywood produzierten, aber das schien so weit von meiner Realität entfernt zu sein, dass es nicht wirklich relevant war. Für mich waren »Künstler« eher wie die Cousine zweiten Grades, die man nur bei Hochzeiten zu Gesicht bekommt und davon träumt, Sängerin zu werden, aber gar nicht gut singen kann.

Das war meine Auffassung von Kreativität. Also ziemlich negativ.

Mannomann, ich habe eine komplette 180-Grad-Wende hingelegt! Am anderen Ende dieser Reise war ich aufgeschlossener, faszinierter, einfallsreicher und vor allem selbst deutlich kreativer.

Der Trick bestand darin, irgendwie einen Prozess zu entwickeln, der zu mehr dieser kreativen Geistesblitze führte, um irgendwie einen Nährboden aufzubauen, auf dem meine Kreativität gedeihen konnte. Die Nutzung von Selbstgesprächen war der Schlüssel zu diesem Reich. Vorbei sind die Tage des Wartens auf Inspiration, des Hoffens und Betens, dass sie kommen möge. Darauf zu warten, »in der Stimmung« zu sein. Jetzt bin ich immer in der Stimmung. Durch Selbstgespräche habe ich meinem Selbstbild und meiner Identität Kreativität hinzugefügt. Das heißt, sie ist inzwischen fester Bestandteil meiner Persönlichkeit. Ich habe dafür gesorgt, dass sich Kreativität willkommen fühlt. Anstatt also irgendwo in meinem Hinterkopf herumzuschleichen, platzt sie jetzt in den Vordergrund, mitten auf die Bühne, ins Rampenlicht meiner Aufmerksamkeit.

Wie bereits erwähnt, nutzte ich beim ersten Mal den Coffee Self-Talk, um »mich zu überreden«, Romanautorin zu werden. Inzwischen nutze ich meinen täglichen Coffee Self-Talk für alle Bereiche meines Lebens – vom Glück über Fitness und Elternschaft bis hin zu Geldangelegenheiten –, doch ich

wollte mir extra Zeit nehmen und ein Ritual schaffen, das speziell dazu dient, mein kreatives Feuer zu schüren.

Der Wine Self-Talk ist dafür perfekt geeignet. Er ist ein wöchentliches Ritual, bei dem ich meinen Geist entspanne und ihn damit gewaltig öffne. Im folgenden Kapitel werde ich ausführlich auf die Schritte eingehen, aber hier schon einmal die Kurzversion:

Ich sitze auf meinem bequemen kleinen Sofa mit den vielen Kissen. Ich habe mein spezielles Tagebuch neben mir, dazu mein Kreativitätstotem: ein schöner pinkfarbener italienischer Füller. Er ist buchstäblich eine Quelle der Kreativität. Ich trinke einen Schluck Wein und lasse den Geschmack, die Essenz, das Bukett durch meine Nase ziehen, was den Prozess in meiner Seele verankert, als würden kreative Ranken in meinem Geist Wurzeln schlagen.

Dann beginne ich, meinen Wine-Self-Talk-Text zu lesen. Im Gegensatz zu meinem eher energetisierenden Morgenritual spreche ich die Worte leise, sanft – fast wie eine Beschwörungsformel. Meine Wine-Self-Talk-Texte sind voller Affirmationen, die dafür ausgelegt sind, meine Kreativität auf ein übernatürliches Niveau anzuheben. Ich nutze Worte und Sätze, die meinen Geist öffnen und es dem weiß glühenden Licht der Inspiration ermöglichen, in jeden Winkel vorzudringen. Mein Selbstvertrauen bekommt einen Schub und wird aufgerichtet, als würde jemand sagen: *Hey, wir meinen es ernst!*

Der nächste Teil ist subtil und schwer zu erklären, aber in dieser Phase lasse ich meine lebenslange Obsession mit dem Bekannten zu (all den Dingen, die meiner Meinung nach feststehen); dieser Teil meines Geistes beruhigt sich, löst seinen Griff, sodass ich mit dem Unbekannten sanft Walzer tanzen kann. Meine Augen funkeln vor Neugier wegen der vielen Möglichkeiten. Ich bin offen, neue Dinge zu erfahren. Neue Möglichkeiten, ich zu sein. Ich bin offen dafür, alles neu zu gestalten. Nicht nur in der Welt, sondern auch in mir. Und der Flow beginnt.

Manchmal mache ich mir ein oder zwei kurze Notizen. Manchmal schreibe ich wie wild. Manchmal schließe ich nur die Augen und lasse mich vom Flow durchfluten, mit mir sprechen, bis er gesagt hat, was immer er sagen will.

Die Inspiration oder Lösung, die ich suche, taucht nicht immer durch eine einzige Wine-Self-Talk-Sitzung auf. Und das ist in Ordnung. Deine angeborene Genialität, deine kreative Quelle, ist ihr eigener Chef! Du machst ihr die Tür auf, lässt sie wissen, dass sie willkommen ist, geschätzt und geliebt wird.

Manchmal sehe ich sofort Ergebnisse. Zu Beginn, als ich damit anfing, weniger, jetzt dafür umso mehr. Vielleicht versuche ich ein bestimmtes Problem zu lösen, vielleicht habe ich eine Idee für ein Buch im Kopf, weiß aber nicht, wie der Titel lauten oder welche Richtung die Geschichte einschlagen soll. Deshalb säe ich während meines Wine Self-Talks Samen aus und passe die Worte und Affirmationen jeweils dem Thema an, an dem ich arbeite. Wie zum Beispiel:

- *Mir fallen die tollsten Buchtitel problemlos ein.*
- *Ich habe eine Fülle an Ideen für ausgezeichnete Buchtitel.*
- *Ich bin ein kreatives Genie, wenn es darum geht, meinen Büchern einen Titel zu geben.*
- *Meine Buchtitel wecken sofort die Aufmerksamkeit der Menschen.*

Manchmal bin ich sofort während meiner Wine-Self-Talk-Sitzung inspiriert, und ich muss mit dem Lesen des Textes aufhören, um die Ideen niederzuschreiben. Bisweilen können ein paar Sitzungen des Aussäens und des Offenhaltens meines Geistes für das Universum und meine Intuition vonnöten sein. Und dann rückt auf einmal eine Idee in den Fokus, als hätte meine angeborene Genialität sie gerade im Hintergrund erarbeitet. Vielleicht bin ich eine Woche nach der Sitzung gerade mit dem Auto unterwegs, und plötzlich erhalte ich die Antwort aus heiterem Himmel. Heureka! Ich greife nach meinem Handy und diktiere meine Notizen.

Zu wieder anderen Zeiten ist die Antwort subtiler, die ich durch meine angeborene Genialität erhalte. Die Inspiration flüstert mir wie ein Lebewesen ins Ohr, lässt mich erschaudern, und ich blicke mich neugierig um:»Ach, hallo, das ist ein interessanter Gedanke. Sollen wir darüber diskutieren?«

Beim Wine-Self-Talk-Ritual geht es darum, deinen Fokus zu erweitern, dich zu entspannen und deinem Körper und Geist beizubringen, wie es sich anfühlt, sich so oft wie möglich in einem angenehmen, offenen Flow-Zustand zu befinden. Der Prozess ist entspannend und unterhaltsam, und das ist entscheidend, um langfristig einen kreativen Geist aufrechtzuerhalten. Und mit der Zeit ertüchtigst du dich und bist in der Lage, mit einem Fingerschnipsen so zu denken, weil du dein Gehirn trainiert hast, auf Abruf in den kreativen Modus zu wechseln, wann immer du willst, sobald du weißt, wie es sich anfühlt und sobald du es häufig genug getan hast.

Ich habe den Begriff »offener Fokus« erwähnt. Wie fühlt sich das an? Was bedeutet er? Das ist eine Erfahrung, weißt du,

diejenige, bei der du direkt geradeaus blickst, aber anstatt auf das Zentrum deines Gesichtsfelds zu achten, erweiterst du deine Sicht auf die Peripherie. Dein peripheres Sehen besitzt eine gewisse Weichheit. Es ist weniger detailliert und weniger farbig. Wenn du das tust, öffnet sich dein Bewusstsein wie eine Blüte. Es handelt sich um das Gegenteil des Tunnelblicks. Den geistigen Fokus zu öffnen, fühlt sich genauso an. Du erweiterst deinen mentalen Blick, entspannst dich und heißt die Ideen von überallher willkommen.

Versuche es jetzt, lege dein Buch nieder und blicke direkt nach vorn. Jetzt weitest du deine Aufmerksamkeit, sodass du die Peripherie, die äußeren Ränder, wahrnimmst. Welche Gegenstände an der Peripherie deines Gesichtsfelds kannst du, ohne die Augen zu bewegen, nennen? Beachte, dass es an der Peripherie weniger Details gibt und alles weicher wirkt. Es ist dieses Gefühl, dieser weitere, sanftere Fokus, in dem du dich entspannen willst, wenn du kreativ denkst, wenn du von deinem inneren Genie Ideen erhältst. Mit diesem sanften Fokus lässt du neue Ideen wissen, dass es sicher ist, herauszukommen und sich bemerkbar zu machen. Dieses Weichwerden deines Geistes ist wie ein sechster Sinn. Es verwischt die Ränder deiner Realität.

> Draußen am Rand sehen Sie alle möglichen Dinge,
> die Sie von der Mitte aus nicht sehen können. Große,
> ungeahnte Dinge – die Menschen am Rand sehen sie zuerst.
> Kurt Vonnegut

Warum unbedingt Wein?

Eine meiner Leidenschaften ist die Selbstoptimierung, und ich liebe es, mit unterschiedlichen Lebensmitteln, Nahrungsergänzungsmitteln, Vitaminen und legalen Drogen zu experimentieren. Kaffee setze ich strategisch ein. Ich nutze auch L-Theanin, die Aminosäure im Grünen Tee, die den Menschen zur Entspannung verhilft. Ich habe bewusstseinsverändernde Drogen wie Modafinil ausprobiert. In dem Bemühen, meine Leistung zu steigern, verändere ich gern kognitive Prozesse. Deshalb die Idee, mich mit Wein selbst zu optimieren? Ja, genau, Baby!

Bei diesem Bestreben bin ich nicht allein. Künstler und Musiker sind als Mitglieder der Subkultur dafür bekannt, dass sie im Bemühen, ihre Kreativität zu steigern, mit bewusstseinsverändernden Substanzen, legalen wie illegalen, experimentieren. Das Zitat *Schreibe betrunken, überarbeite nüchtern* wird häufig Ernest Hemingway zugeschrieben. Es ist ein faszinierender Ratschlag, obwohl er sich implizit auf zwei unterschiedliche Gehirnbereiche bezieht, die die beiden ganz verschiedenen Aufgaben erfüllen. Tatsächlich hat Hemingway exzessiv getrunken, aber so etwas hat er nie gesagt. Genau genommen sah er es nämlich genau umgekehrt. Hier folgt, was Hemingway über das Trinken und Schreiben sagte:»Himmelherrgott! Haben Sie je von jemandem gehört, der bei der Arbeit getrunken hat? Vielleicht denken Sie an Faulkner ... und ich kann die Stelle der Seite genau benennen, an der er seinen ersten Drink nahm.«

Man muss Hemingway einfach lieben.

Um es klar zu sagen, ich befürworte nicht, dass du dich während deines Wine-Self-Talk-Rituals betrinkst. Oder auch nur beschwipst wirst. Tatsächlich empfehle ich, mit dem Trinken aufzuhören, sobald du die Wirkung des Alkohols spürst. Genieße dieses angenehme, entspannte Gefühl, während du dein Ritual beendest. Das tue ich jedenfalls, weil ich von mehr Wein sehr schnell sehr müde werde und meine Kreativität einen Sturzflug hinlegt. Du kennst deinen Körper am besten, also geh hier nach bestem Wissen vor. Vielleicht würdest du deine Sitzung gern verlängern. Vielleicht möchtest du nach deinem Self-Talk eine Stunde Tagebuch führen. Vielleicht trinkst du an den meisten Abenden bereits ein oder zwei Gläser Wein und verträgst deshalb mehr.

Wein kann helfen, deine Kreativität anzukurbeln, aber bedenke immer, dass Alkohol ein Gift ist, deshalb versuche, das richtige Maß für dich zu finden. Wie immer: alles in Maßen. Hüte dich vor allem davor, abhängig zu werden. Wein kann dazu beitragen, deinen Zugriff auf den kreativen Bereich deines Gehirns zu trainieren – wie Stützräder an einem Fahrrad. Aber du möchtest nicht, dass du am Ende Wein benötigst, um Zugang zu deiner angeborenen Genialität zu haben. Wein ist für dieses Ritual nicht notwendig, und sobald du daran gewöhnt bist, deine angeborene Genialität zu nutzen, sollte Wein dafür nicht mehr wichtig sein. Gute Nachrichten! Laut Aussage von Dr. Weil »… kann Alkohol eine harmlose und nützliche soziale, der Erholung und der Gesamtgesundheit dienende Droge sein, weil er Stress und die Gefahr von kardiovaskulären Erkrankungen reduziert. Mäßigung und Bewusstsein sind entscheidend, um ihn erfolgreich zu nutzen und sich vor Schädigungen und der Gefahr der Abhängigkeit zu schützen«.

Na also! Der Arzt hat es empfohlen – juhu! Dr. Weil pflichtet meinen Erklärungen zur Mäßigung bei, und die Forschung über die Vorteile des Weinkonsums zur Steigerung von Kreativität und Problemlösungskompetenz untermauern diese Ansicht. Nur eine geringe Menge Alkohol führt zu den gewünschten Effekten. Sobald man zu viel trinkt, kann man die gegenteilige Wirkung erleben: geistige Benommenheit, Müdigkeit und Trägheit. Unter diesen Umständen Kreativität entwickeln zu wollen, kann dem Versuch gleichkommen, sich aus Treibsand zu befreien. Mit zugebundenen Augen. Und zusammengebundenen Händen.

Es liegen viele Forschungsergebnisse über den Zusammenhang zwischen Alkoholkonsum und Kreativität vor. Dr. Mathias Benedek von der Universität Graz veröffentlichte eine Studie, *Kreativ im Rausch? Auswirkungen des Alkoholkonsums auf die kreative Kognition* (Forschung und Lehre, 2017), und schreibt, dass geringer Alkoholkonsum bei bestimmten Bereichen der Kreativität helfen kann, vom kreativen Schreiben bis hin zum Brainstorming von Unternehmensleitern. Die Studie von Dr. Benedek ergab, dass Alkoholkonsumenten *bei einer kreativen Denkaufgabe glänzten*, und bietet folgende Erklärung an: »Wenn man Alkohol trinkt, neigt man zunächst dazu, weniger Konzentration und ›kognitiven Fokus‹ zu haben, was für die Kreativität äußerst nützlich sein kann, weil man, wenn man einen zu starken Tunnelblick auf ein Problem hat, auf keine peripheren, kreativen Lösungen kommen kann. Man kann auf die Details der Herausforderung so fixiert sein, dass der Geist betriebsblind wird und sich im Kreis, quasi in einer Endlosschleife dreht.«

Alkohol macht es schwieriger, auf das Problem fokussiert zu bleiben. Das hilft dir, das Problem aus unterschiedlichen

Blickwinkeln zu betrachten. Inspiration stellt sich wesentlich leichter ein, wenn man seinen Hyper-Fokus aufgibt.

Unser Gehirn hat einen Bereich, der Arbeitsgedächtnis genannt wird und unsere Gedanken auf die vorliegende Aufgabe konzentriert hält und damit alle anderen Gedanken und Ablenkungen ausblendet. Das ist wichtig, wenn man an Problemen arbeitet, die Konzentration erfordern. Aber es ist nicht hilfreich, wenn man neue Ideen entwickeln will. Das Arbeitsgedächtnis hält dich davon ab, über das hinauszugehen, was du bereits kennst, und es kann die Fähigkeit behindern, dir etwas auf neue und neuartige Weise auszudenken.

Das ist der Punkt, an dem Alkohol helfen kann. Laut Aussage von Dr. Jennifer Wiley »manipuliert Alkohol den Fokus«. Das hilft, aus dem Trott herauszukommen oder einen Durchbruch zu schaffen, wenn du kreativ ausgebrannt bist. Alkohol öffnet deinen Geist für Antworten, auf die du nüchtern höchstwahrscheinlich nicht kommen würdest. Das ist nicht das, was du beim Ausfüllen deiner Steuererklärung gebrauchen kannst, egal wie kreativ du bei den Abzügen gern wärst.

Für unkonventionelle Aufgaben wünschst du dir ein dehnbares, Toffee-artiges Denken. Und das ist der Grund, weshalb wir den Self-Talk mit Wein kombinieren, um eine überlegene Erfahrung zu schaffen.

Und schließlich muss man zugeben, dass es sich gut anfühlt, Wein zu trinken. Ich meine – hallo? – ein bisschen Vino zu schlürfen, in einem Sessel zu relaxen und seinen Self-Talk mit einem Lächeln auf den Lippen zu machen ... Klingt gut, nicht wahr?

Das bildest du dir nicht etwa ein. Laut einer Studie der University of California in San Francisco werden durch den Konsum von Alkohol im Gehirn Endorphine ausgeschüttet. Du weißt schon, noch mehr dieser Wohlfühlbotenstoffe. Was? Wein vermittelt dir ein gutes Gefühl? Ja, schockierend, ich weiß. Ich hätte das den Wissenschaftlern sagen und ihnen eine Menge Ärger ersparen können, hahaha. Dennoch vermute ich, die Erkenntnis, dass Wein dazu führen kann, dass die Endorphine in meinem Gehirn herumschwirren, ist ein schöner, wissenschaftlich gestützter Grund, eine Flasche Pinot zu entkorken. Kombiniere »Wein für Kreativität und Wohlbefinden« mit »Wohlfühl-Self-Talk«, der sich auf Kreativität konzentriert und – bam! – da hast du sie, deine entfesselte Kreativität! Es kann losgehen.

Kapitel 5

Durchführung des Wine-Self-Talk-Rituals

Die Welt ist nichts als eine Leinwand
für unsere Vorstellungskraft.
Henry David Thoreau

Hier folgen die Schritte für dein Wine-Self-Talk-Ritual. Du brauchst zwei Dinge:

🍷 ein Glas Wein (oder ein anderes Getränk)
🍷 den von dir ausgewählten Self-Talk-Text

Die Wahl des Weines kann saisonabhängig sein oder von deinem Geschmack abhängen, beziehungsweise davon, welche Sorte du gerade im Haus hast. Und bedenke, du brauchst dafür keinen Wein; Kreativität kann auch allein durch die Selbstgespräche entfesselt werden! Aber diese mit einem Getränk, alkoholisch oder nicht, zu verknüpfen, verstärkt die Verbindung, verankert sie, macht sie zu etwas Besonderem.

Das ist so bei Ritualen.

Dein Text kann aus Teil II dieses Buches stammen oder eine modifizierte Version davon sein, oder du schreibst selbst einen (siehe dazu die Hinweise ab Seite 81).

Suche dir einen speziellen Sitzplatz, an dem du dich wohlfühlst. Ich dimme gern ein wenig die Lichter oder mache, falls möglich und es die Saison erlaubt, ein Feuer im Kamin an. Ich stelle mir vor, ich habe ein Date und umwerbe meine Kreativität.

Schritt 1: Glaube daran

Es ist Zeit, die Samen zu säen, um deine Kreativität wachsen zu lassen. Dolce Vita für die Seele! Der erste Schritt besteht darin zu erkennen, wie fantastisch dein Leben mit mehr Kreativität sein wird. Vertraue diesem Prozess und befasse dich mit ihm. Glaube an ihn!

Schritt 2: Nimm einen Schluck und lies deinen Text ein- oder zweimal durch!

Genieße hin und wieder einen Schluck von deinem Wein, spüre das Gefühl der Flüssigkeit auf deiner Zunge und achte auf das nuancierte Bukett und den Geschmack. Spüre das wärmende Gefühl, wenn du den Wein schluckst.

Lies deinen Text, falls möglich, laut. Ich habe oben erwähnt, dass du dir bei diesem Ritual vorstellen kannst, ein Date mit deiner Kreativität zu haben, und wenn du deinen Text laut liest, ist es so, als würdest du mit deinem kreativen Selbst sprechen. Du lässt dich auf deine Kreativität ein. Anfangs fühlen sich manche Menschen nicht wohl, wenn sie ihre Texte laut lesen, und das ist ganz in Ordnung. Sie sind verlegen und kommen sich ein bisschen albern vor. Aber vertraue mir, es wird leichter, wenn du es ein paar Mal gemacht hast. Irgendwann wirst du gar nicht mehr daran denken. Und laut zu lesen, selbst

wenn du nur flüsterst, macht den ganzen Prozess wirkungsvoller. Du liest die Sätze nicht nur mit den Augen, auch deine Ohren hören sie. Dein Mund spürt die Wörter. Dadurch beziehst du mehr Sinne ein, mehr Bereiche deines Gehirns.

Schritt 3: Klappe das Buch zu

Sobald du deinen Text ein- oder zweimal gelesen hast, klappe das Buch zu und lege es zur Seite. Blicke in die Ferne oder auf nichts Besonderes. Lasse deinen Blick sanft werden und die Samen der Kreativität in dir Wurzeln schlagen. Genieße das Gefühl, dass du Schritte ergriffen hast, dass du dich auf Erfolg einstellst und deinen Geist und dein Herz für neue Verbindungen und mehr Möglichkeiten öffnest. Genieße den entspannten, glückseligen Moment.

Schritt 4: Tagebuch (optional)

Falls du möchtest, kannst du ein Tagebuch oder Notizbuch griffbereit halten. Wenn dir danach ist, notiere Ideen und Inspirationen. Das können einfache Wörter sein, die dir in den Sinn kommen, oder du füllst mehrere Seiten ... was immer du willst. Oder du könntest inspiriert sein zu kritzeln, zu zeichnen oder lange, dekorative Wörter in großen, ausgefallenen Lettern zu schreiben – alles, was dir hilft, das, was du in diesem Moment erlebst, festzuhalten, seien es Ideen, Gefühle, Lösungen oder einfach nur Wörter, die deine Emotionen vage beschreiben.

Dabei lässt du deinen Geist weit offen, lässt alle Ideen hereinströmen und kanalisierst sie, egal worum es sich handelt. Das kann surreal, fast traumartig sein. Fange einfach die Gefühle und Gedanken ein und schreibe alle Anmerkungen nieder, die dir in den Sinn kommen. Beurteile oder korrigiere nicht, lass dich einfach mit dem Flow treiben ... du weißt nie, wohin die Dinge dich führen können.

Wie bereits gesagt, dieses Tagebuchschreiben ist optional. Es wird nicht immer etwas geben, was du niederschreiben willst. Und bedenke, dass diese Samen gerade in diesem Moment Wurzeln schlagen. Manchmal wirst du direkt während deines Wine-Self-Talk-Rituals einen Geistesblitz haben, aber meistens kommen sie später, ganz unverhofft. Ein Aha-Erlebnis. Zu anderen Zeiten wird die Erkenntnis subtiler sein, und du wirst ganz allmählich eine Verbindung herstellen, die dich die Achseln zucken und nicken lässt.»Oh, ja, das wird funktionieren. Cool.«

Bei diesem Prozess besteht kein Zeitdruck. Keine Vorgaben. Und je mehr du den Geist für die kreative Quelle in dir öffnest, desto eher werden die Inspiration und die Kreativität beginnen, sich in deiner Alltagswelt zu zeigen.

Starterfragen für dein Wine-Self-Talk-Ritual

Wenn du deine Wine-Self-Talk-Sitzungen abhältst und feststellst, dass du dir einen kleinen Kreativitätsschub wünschst oder eine Aufwärminspiration vor der Sitzung, dann hole deine Fragen hervor und mach dich daran, die Antworten in dein Tage- oder Notizbuch zu schreiben. Das macht Spaß und ist eine einfache Möglichkeit, den Kreativitätsball während deiner Selbstgespräche ins Rollen zu bringen.

Tipps zum Schreiben deiner eigenen Wine-Self-Talk-Texte

> Enthusiasmus ist Begeisterung mit Inspiration,
> Motivation und einer Prise Kreativität.
>
> Bo Bennett

Du wirst sehen, dass die Kapitel in Teil II dieses Buches in das unterteilt sind, was ich als *Lektionen* bezeichne, und jede Lektion enthält ihren eigenen Wine-Self-Talk-Text.

Wenn du einen Text liest und er dir so gefällt, wie er ist, dann nutze ihn.

Vielleicht magst du einige der Sätze, willst andere jedoch ändern oder eigene Affirmationen hinzufügen. Dann tu das unbedingt. Die Worte, die ich verwende, sind wichtig, um die Wirkung des Self-Talks zu maximieren. Du wünschst dir Worte, die in *deinem* Herzen Gefühle wecken und in *deinem* Geist lebhafte Bilder heraufbeschwören. Deshalb ermuntere ich dich sehr, auch deine eigenen Texte zu verfassen, wenn du Interesse hast, und sie individuell an deine Erfahrungen anzupassen. Ich werde dir jetzt die Grundlagen beschreiben, wie ich meine Texte verfasse.

Du wirst dafür ein liniertes Tagebuch oder einfach einen Block benötigen. Ich bevorzuge ein Tage- oder Notizbuch, weil ich meine Self-Talk-Texte gern in der richtigen Reihenfolge habe. Und ich habe für verschiedene Rituale unterschiedliche Notizbücher, deshalb biete ich auch ein liniertes Tagebuch für den Coffee Self-Talk und ein anderes für den Pillow Self-Talk und wieder ein anderes für den Wine Self-Talk an. Aber natürlich eignet sich jedes Notizbuch.

Außerdem liebe ich farbige Stifte, Sticker und Textmarker. Damit peppe ich meine Tagebücher auf, spiele herum und lasse das Kind in mir vor Vergnügen quietschen.

Du kannst deine Texte natürlich auch in deinen Laptop tippen oder auf eine App in dein Handy. Ich habe ganze Gruppen von Notizen in meiner App, jeweils für meine verschiedenen Self-Talk-Texte, deshalb habe ich sie immer bei mir.

Wähle, was immer bei dir am besten funktioniert, du kannst das ja später problemlos ändern. Rechne jedoch damit, dass die Inspiration sich zu jeder Tageszeit zu Wort melden kann – du musst sicherstellen, dass du irgendein System parat hast, um die Geistesblitze einzufangen.

Ich gebe dir hier ein paar kurze Tipps zum Verfassen deiner eigenen Texte.

»Ich« versus »Du«

Ich empfehle, deine Selbstgespräche immer in der ersten Person zu schreiben. Zum Beispiel: *Ich erschaffe aus dem Herzen, und wenn ich das tue, fließen meine Ideen problemlos.* Wenn du »ich« anstatt »du« liest oder sagst, fühlen sich die Wörter viel relevanter an.

Präsens

Meine Affirmationen schreibe ich immer im Präsens. Ich nutze nicht das Futur, etwa *Ich werde das und das tun*, weil Feststellungen im Präsens die Dinge für dein Unterbewusstsein realer erscheinen lassen, als würden sie bereits geschehen.

Das wird von einem Gefühl der Dankbarkeit und Ehrfurcht begleitet.

Textlänge

Die meisten meiner Texte sind jeweils zwischen 15 und 25 Zeilen lang, und ich lese einen Text in einer Sitzung ein- bis zweimal durch. Manchmal, wenn ich mich wirklich auf eine einzelne Affirmation fokussiere und ein großes, lebhaftes Bild in meinem Geist heraufbeschwöre, lese ich den Text vielleicht nur einmal, benötige dafür aber vielleicht fünf Minuten.

Das Aufpeppen

Ich habe oben bunte Stifte und Sticker erwähnt, und ich mache mit meinem Text etwas Ähnliches, wenn ich ihn auf meinem Handy oder Laptop habe. Ich füge Bilder und Emojis, Fett- oder Kursivsetzung ein, um verschiedene Dinge hervorzuheben. Dein Geist ist vor allem dann erfolgreich, dir zu einem magischen Leben zu verhelfen, wenn er ein lebhaftes Bild hat, nach dem er arbeiten kann. Für mich heißt das, je besser das Bild, desto einfacher kann man es sich vergegenwärtigen ... und desto leichter fällt es, dieses zu verwirklichen.

Lange versus kurze Sätze

Und blumig versus prägnant. Du wirst sehen, dass meine Affirmationen in Größe und Länge sehr variieren. Das ist beabsichtigt. Ich verändere damit den Leserhythmus, sodass es also manchmal eine Affirmation gibt, die lang und ausschweifend ist ... und dann wiederum andere, die kurz, klar formuliert und ausdrucksstark sind.

Manchmal mache ich sie zu einem kleinen gereimten Gedicht. Falls du zum ersten Mal deine eigenen Self-Talk-Texte schreibst, stellst du vielleicht fest, dass du mit sehr grundlegenden Affirmationen anfängst, und das ist absolut in Ordnung. Ich nehme noch immer jede Menge einfacher, direkter Affirmationen auf – wie zum Beispiel *Ich bin würdig, ich werde geliebt, ich bin fantastisch* –, und du wirst solche überall in den Texten in Teil II verstreut finden.

Diese einfachen Sätze sind ebenso wirkungsvoll. Aber du wirst auch sehen, dass ich es manchmal ganz anders mache mit Worten und Sätzen, die du vielleicht zweimal lesen musst. Dafür gibt es ein paar Gründe. Die Worte und Sätze rufen in deinem Kopf nicht nur ein deutlicheres Bild hervor, sondern:

- Sie machen mehr Spaß! Sie reizen die Künstlerin/den Künstler in dir.
- Sie lassen dich innehalten. Weil sie deine Aufmerksamkeit erregen, ruft das Lesen in dir ein stärkeres Gefühl hervor.

Themen und Wiederholung

Meinen Texten liegen immer die Themen Würdigkeit und Selbstliebe zugrunde. Ein Gefühl der Würdigkeit zu haben ist Voraussetzung, dass all die anderen Affirmationen wirken können. Und dieses Gefühl, würdig zu sein, ist die Grundlage für die beste Lebenserfahrung. Neben den Affirmationen über

Selbstliebe und Würdigkeit gibt es in diesem Buch natürlich das Thema Kreativität, deshalb findest du in jedem Text Sätze über Kreativität. Manche Texte können ein Sammelsurium verschiedener Themen liefern, aber einen Text auf ein Thema konzentriert zu halten und etwa zwanzig Zeilen über diesen einen Aspekt zu lesen – lediglich auf unterschiedliche Weise geschrieben –, führt tatsächlich dazu, dass er tief in deinem Geist Wurzeln schlägt. Durch die Wiederholungen wird er in deinem Kopf stärker verankert.

Die Wiederholung ist sehr wichtig, akzeptiere sie deshalb. Fernsehwerbung ist ein wunderbares Beispiel dafür, wie wirksam Wiederholung ist, um etwas in dein Gedächtnis einzuprägen. Entweder werden Dinge in der Werbung mehrfach wiederholt, oder die Werbung wird wiederholt gezeigt. Wir tun hier das Gleiche, deshalb hab Spaß damit!

Willkommen in deinem neuen kreativen Leben

Heute wirst du anfangen, dein neues kreatives Leben zu gestalten (oder wann immer du deinen ersten Wine Self-Talk machst, falls das nicht heute der Fall ist).

Du wirst:

... beschließen, dass du würdig und in der Lage bist, die unglaublichste Kreativität zu entwickeln. Erhebe Anspruch darauf! Diese Entscheidung setzt den Prozess in Gang. Falls du dich jetzt nicht wirklich so fühlst, sei unbesorgt, wiederhole es nur weiter und tu so, als würdest du so fühlen. Es wird einzusickern beginnen, das verspreche ich!

... glauben, dass es möglich ist. Der Glaube lässt es schneller geschehen. Sei unbesorgt, wenn du jetzt noch nicht daran glaubst, vielleicht hast du dich bis jetzt nie für kreativ gehalten, aber das wirst du, wenn du das Ritual ein paar Mal durchgeführt hast. Bleib nur dabei.

... dich daran halten und es tun. Nimm dir vor, dieses lustige Ritual regelmäßig durchzuführen. Ich meine, es macht wirklich richtig Spaß! Und dann beobachte, wie dir seltsame, coole, unglaublich tolle Dinge durch den Kopf zu gehen und in deinem Leben aufzutauchen beginnen.

Du bist zu Magie fähig!

Erfindungen, großartige musikalische Kompositionen, Poesie, Dichtung und alle anderen Ideen für originelle Leistungen kommen aus dem Unterbewusstsein. Pflanze ihm einen Gedanken ein und lass es mit einem tief verwurzelten Wunsch daran arbeiten, dann wirst du Ergebnisse erhalten.

Dana Sleeth

Teil II

Die Wine-Self-Talk-Texte

Lektion 1
Aufgeschlossenes, freies Denken

Es gibt einen Jungbrunnen: Nämlich deinen Geist,
deine Talente und die Kreativität,
die du in dein Leben und das Leben der Menschen bringst,
die du liebst.

Sophia Loren

»Hey, Greg, ich hätte da eine verrückte Idee«, sage ich, während ich noch das Footballspiel der Arizona Cardinals vom vergangenen Abend im Kopf habe.

»Schieß los!«, antwortet er.

»Okay. Eine Idee für einen Sportkrimi … Weißt du, dass Footballteams einen Wasserjungen an der Seitenlinie haben, der den Spielern ein Getränk in den Mund spritzt?«

»Ja, schon.«

»Nun«, fahre ich fort, »was wäre, wenn ein Bösewicht die Flaschen für eines der Teams mit etwas füllen würde, das zum Beispiel Baldrian oder Melatonin enthält, und die Spieler auf dem Feld alle schläfrig werden und wie Dominosteine umfallen oder auf der Ersatzbank einschlafen würden?« Meine Hände zittern vor Aufregung.

Er lacht. »Das ist verrückt. Das gefällt mir.«

Vor drei Jahren wäre ich niemals auf eine so schräge Idee gekommen, ganz davon zu schweigen, dass ich anderen Leuten davon erzählt hätte. Aber jetzt ist mein Leben anders. Mir ist klar geworden, dass ich den größten kreativen Glückstreffer lande, wenn mein Denken absolut unbeschränkt ist. Und ich mein Staunen mit aufgerissenen Augen akzeptiere. Wenn ich einen ganzen Strom von Fragen stelle, die alle mit »Was wäre, wenn …?« beginnen.

Was wäre, wenn es im Himmel einen magischen Ort voller fliegender Delfine gäbe? Was wäre, wenn die Welt von gehorsamen Robotern am Laufen gehalten, aber einer von ihnen sich eines Tages in seinen Menschen verlieben würde? Was wäre, wenn der Bösewicht eine ganze Footballmannschaft mitten im Spiel mit einem Schlafmittel betäuben würde?

Was wäre, wenn ich so viele Ideen hätte, dass nicht einmal ihre Qualität eine Rolle spielen würde? Weil ich die Diamanten unter ihnen herauspicken könnte, die zwei, drei besten Ideen aus hundert und den Rest in dem Wissen verwerfen würde, dass es da, wo sie herkommen, noch viele mehr gibt?

Und Mensch … Es macht so viel Spaß. Spaß zu haben ist ein so wichtiger Teil des Lebens. Wenn du loslassen kannst, entspannst du dich, und Entspannung ist das Schmiermittel, das das Kreativitätsgetriebe deines Gehirns am Laufen hält. Wenn du Spaß hast, urteilst du nicht. Und wenn du nicht urteilst, öffnest du die Schleusen der Möglichkeiten. Wenn du Spaß hast, weißt du, dass du in die richtige Richtung steuerst. Du erwartest dieses lockere Gefühl, das vor Begeisterung gerötete Gesicht und die staunend aufgerissenen Augen. Genau wie ein Kind.

Willst du das wahre Geheimnis der Kreativität kennenlernen? Ich verrate es dir. Es ist schockierend einfach. Das Geheimnis besteht darin, normale Dinge auf ungewöhnliche Weise miteinander zu kombinieren. Himmel und Delfine. Roboter und Liebe. Football und Baldrian.

Verstehst du, wie einfach das ist?

Und je bizarrer, desto besser. Aber in den meisten Fällen machst du dir über das Maß der Seltsamkeit nicht einmal Sorgen. Du konzentrierst dich stattdessen auf den Umfang. Die Zahl der neuen Ideen, der neuen Kombinationen. Und dann verwirfst du die meisten davon und behältst ein paar, um damit jetzt oder später zu arbeiten.

Kreative Ideen entstehen dadurch, dass Dinge recycelt, neu erfunden und in deine derzeitige Umgebung gerettet werden. Ich selbst habe immer die Kräutermedizin im Kopf, daher der Baldrian. Und wir hatten uns gerade ein Footballspiel angeschaut. Bummm. Überschneidung! Neue Idee. Das ist Kreativität. Weil ich es zugelassen habe.

Ich habe mich darauf eingestellt.

Ich habe mir gesagt, dass alles mit dem uneingeschränkten Denken beginnt. Und das bedeutet: keine Regeln!

Kleine Kinder tun das ganz von allein. Ich erinnere mich, wie meine Tochter Garn und Stifte und Toilettenpapierrollen und Büroklammern und leere Eierkartons nahm und daraus Dinge bastelte, indem sie sie mit Klebeband zusammenfügte. Ich hatte keine Ahnung, was diese Kreationen bedeuten sollten. Aber das spielte keine Rolle. Genauer gesagt, war genau das der Punkt. Sie waren nichts, was man hätte benennen können, sondern etwas ganz Neues. Etwas, was es zuvor nie gegeben hatte. Die Schaffung neuer Dinge durch Verbindung vorhandener Sachen. *Das* ist Kreativität.

Kinder haben den angeborenen Wunsch, etwas zu erschaffen. Den Instinkt. Als ob die Herstellung von Dingen uns erst zum Menschen machen würde, und die meisten von uns haben bis zum Erwachsenenalter unsere natürliche Kreativität aufgebraucht. Aber wir alle haben dennoch tief in unserem Inneren das Bedürfnis, unsere Umgebung zu betrachten und zu schauen, welche neuen Dinge wir daraus erschaffen können. Warum sind Kinder darin so viel besser?

Erstens haben Kinder – vor allem kleine Kinder – keine Angst vor Verlegenheit oder Versagen. Sie lernen erst noch, sich vor dem Versagen zu fürchten. Wenn sie lernen, sich anzupassen, lernen sie nebenbei auch die Verlegenheit kennen. Außerdem stehen sie nicht so unter Stress und fragen sich nicht, woher die nächste Mahlzeit kommt oder ob sie im nächsten Monat die Miete bezahlen können. Und es ist etwas so Reines und Magisches an der Art und Weise, wie Kinder mit aufgeregt funkelnden Augen einen Tisch voller Gegenstände betrachten. Sie können gar nicht anders, als Dinge herzustellen.

Und ich? Noch vor nicht allzu langer Zeit hätte ich einen Tisch voller Dinge als einen Haufen Müll betrachtet, der entsorgt gehört.

Aber ich habe dazugelernt. Ich habe Selbstgespräche genutzt, um in meinem Gehirn Kreativität zu verankern, sodass dies jetzt eher mein normaler Denkmodus ist als etwas, wofür ich mir Mühe geben muss. Und eine Möglichkeit, um problemlos

das Reich der Kreativität zu betreten, ist der Versuch, mit den Augen eines Kindes zu sehen.

Verkörpere das Selbst deines inneren Kindes. In diesem Zustand sehen wir in den Wolken über uns neue Ideen für Produkte. Wir sind so frei, uns vorzustellen, wie es schmecken könnte, wenn wir in unsere Zitronenvinaigrette, die wir über einen Romanasalat, garniert mit Bananenscheiben, geben, Zimt streuen würden. Oder wir ziehen unsere Cowboystiefel zur Gymnastikhose an! (He, ich habe nicht behauptet, dass jede Idee ein Hit ist, aber der Salat war wirklich lecker.) Kühn kombinieren wir Dinge und haben dabei Spaß, wir kichern über die Verrücktheiten, die uns manchmal durch den Kopf schießen.

Was wäre, wenn dies?
Was wäre, wenn das?
Was wäre wenn? Was wäre wenn? Was wäre wenn?

Das klingt alles großartig! Wie schafft man das? Mit Selbstgesprächen, meine Liebe! Präsentiere dich dem Leben mit den besten Worten und Gedanken über dich selbst und deine Kreativität, dann lehne dich einfach zurück und beobachte, wie sich die Magie zu entfalten beginnt. Du wirst tatsächlich die Augen aufreißen, wenn dir die verrücktesten, coolsten Ideen und Lösungen einfallen. Und du wirst anfangen, dich im Hinblick auf Dinge entspannter zu fühlen, die dich zuvor geärgert und deine Kreativität gehemmt hätten.

Erinnere dich: Kreativität verhält sich wie ein Muskel. Je öfter du ihn beanspruchst, desto stärker wird er. Je öfter du in deinem Gehirn Kreativität aktivierst, desto leichter kannst du sie bei Bedarf nutzen, weil dies zu deiner Standarddenkweise wird. Sie wird sogar Teil deiner Identität! Mach es so wie Earl Nightingale zur Ankurbelung der Kreativität empfahl:

Denk an Kombination, Assoziation, Anpassung, Substitution, Vergrößerung und Neuordnung.

Tu das zunächst jedes Mal, wenn du etwas erschaffen willst oder wenn du dir Inspiration oder etwas Neues wünschst. Später wirst du es dann mühelos in Situationen tun, in denen du nicht einmal merkst, dass Kreativität vonnöten war. Es stellt sich heraus, dass Kreativität viel nützlicher ist, als den meisten Menschen klar ist. Was kannst du modifizieren, von dem du nie geträumt hast, es zu modifizieren, weil »doch alles funktioniert«, so, wie es ist? Wenn du dein Leben durch diese Kreativitätslinse beäugst, kannst du geradezu spüren, wie dein Gehirn sich in deinem Schädel zusammenzieht, bewegt und verändert. Wie es darin *trainiert*. Wie es flexibel wird. Und du wirst von den Ideen, die daraus hervorgehen, geradezu überwältigt sein!

Atme tief durch. Es ist Zeit, das unbeschränkte Denken und das Staunen mit großen Augen in deinem Leben willkommen zu heißen. Es ist Zeit, deine Kreativität ins Spiel zu bringen. Edward de Bono sagte: *Kreativität bedeutet, die etablierten Muster zu durchbrechen und die Dinge anders zu sehen.*

Deshalb sollten wir das mit ein paar Selbstgesprächen fördern. Der folgende Text ist dazu gedacht, für mehr Entspannung, mehr Spaß zu sorgen und alle Vorteile des unbeschränkten Denkens zu nutzen, um neue Verbindungen herzustellen und das Kreativitätsgenie, das bereits in dir steckt, freizusetzen.

Wine-Self-Talk-Text: Aufgeschlossenes, freies Denken

Ich bin der Kreativität würdig. Sie sucht mich, und ich suche sie.

Ich spüre überall um mich herum Kreativität. Ich breite die Arme aus und heiße sie in meinem Leben willkommen.

Ich betrachte das Leben mit den Augen meines inneren Kindes. Ich lache und strahle vor Begeisterung.

Inspiration findet mich überall und kommt ganz von allein, weil ich für alles offen bin.

Ich mache Platz, damit meine Kreativität herauskommen und sich entfalten kann. Ich frage immer:»Was wäre, wenn?«

Erfinderische Ideen brodeln und köcheln in diesem Moment in meinem Kopf. Ich bin zuversichtlich!

Ich bin so entspannt, und mein Geist ist offen für neue Verbindungen.

Ich liebe mein Leben, und das Leben liebt mich. Ich bin so würdig und glücklich!

Meine Schöpfungen und Ideen sind von Bedeutung. Sie schimmern wie Sterne am Himmel.

Ich präsentiere mich mit strahlenden Augen und energiegeladen meinem Leben, bereit für Spaß, Aufregung und Originalität.

Ich weiß, dass es sicher ist, beim Spielen meiner Wahrheit ins Land des Staunens zu folgen.

Meine Kreativität ist in meinem Kopf auf einem Spiel-platz, rennt herum und knüpft tolle Verbindungen. Juhu, das macht Spaß!

Ich kann mich umblicken und inspiriert sein, unzusammenhängende Dinge zu etwas ganz Neuem zusammenzufügen.

Ich entscheide mich für Selbstvertrauen. Ich entscheide mich für Freude. Ich entscheide mich für ein brillantes, regenbogenfarbenes Leben.

Ich habe täglich Spieltreffen mit meiner Kreativität. Sie ist immer da, bereit, und sie wartet auf mich, dass wir uns die Hand geben.

Meine Seele ist voller Staunen und Ehrfurcht. Wohin ich auch blicke, bemerke ich Chancen, denn ich bin frei, daran zu glauben.

Mein Denken ist ungehemmt, deshalb stelle ich die coolsten Verbindungen her.

Ich bin gesund, lebenssprühend und fühle mich fantastisch.

Ich bin mit unbeschränktem Denken und einem Staunen begabt, das so groß ist wie das Universum.

Ich trainiere meinen Kreativitätsmuskel, und ich spüre, dass er jeden Tag stärker wird.

Ich lasse den Ideen freien Lauf. Sie sind immer da und können genutzt werden.

Ideen kosten nichts und kommen mir leicht in den Sinn. Ich habe Tausende davon, einen unbegrenzten Vorrat.

Wann immer ich mit einer neuen Situation konfrontiert werde, finde ich mühelos neue Wege, damit umzugehen.

Jeden Tag bin ich in jeder Hinsicht immer kreativer.

Ich bin entspannt und genieße jeden Moment, jedes Wort und jeden reizvollen Gedanken.

Kreativitätstipp:
Schalte sämtliche Ablenkungen aus!

Ich empfehle dir, sämtliche Mitteilungen auf deinem Handy auszuschalten und dich (körperlich) von deinem Computer und dem Fernseher zu entfernen (oder sie abzuschalten), wenn du deinen Wine Self-Talk durchführst. Lass im Hintergrund entspannende Musik ohne Text laufen, wenn du magst. Oder besorge dir für zusätzliche Entspannung ein Wasserspiel, zum Beispiel einen Tischbrunnen. Oder sitze einfach in absoluter Stille da. Und zwar um jegliche mögliche Ablenkung zu vermeiden, damit dein Gehirn in seinem kreativen Flow offen, konzentriert und unbeschränkt ist.

Lektion 2

Aus dem Herzen heraus erschaffen

Neues entsteht nicht durch den Intellekt,
sondern durch den Spielinstinkt,
der aus innerer Notwendigkeit agiert.
Der kreative Geist spielt mit den Objekten, die er liebt.

Carl Gustav Jung

Dinge aus dem Herzen heraus erschaffen ... Ach, es gibt nichts Vergnüglicheres. Wenn man etwas aus dem Herzen heraus erschafft, ist es, als überziehe man seine Bemühungen mit Feenstaub. Dein Kopf beginnt, ausgezeichnete Ideen hervorzubringen. Es fällt leichter, die Kreativität zu nutzen, und die Inspiration explodiert. Das liegt daran, dass das Erschaffen mit viel Herz real ist. Es ist rein. Und deshalb spürst du erhabene Gefühle und glaubst an dich.

Und so empfinde ich, wenn ich anderen von meiner Liebe für Selbstgespräche und deren Macht berichte. Ich blicke mich um und sehe, dass zu viele Menschen ihr Potenzial nicht ausschöpfen und nicht glücklich sind. Sie treiben dahin oder fühlen sich verloren.

So muss es nicht sein! Wir können ein schöneres Leben führen, wenn wir es mit Kreativität auf Vordermann bringen. In

diesem Kapitel geht es darum, etwas mit viel Herz zu erschaffen, egal welche Art von Schöpfung dich inspiriert.

Mit viel Herz zu erschaffen ist wie die Zubereitung einer selbst gekochten Mahlzeit. Wenn man die Wahl hat zwischen Selbstgekochtem und Fertiggerichten aus der Mikrowelle, dann ist das selbst gekochte Essen um Galaxien besser.

Und genau das ist dein Plan. Gehe mit der Einstellung des Selbstgemachten an Kreativität heran, als würdest du etwas mit Liebe kochen. Erkunde und verfolge sie mit viel Herz. Du solltest aufgeschlossen sein, die Arme weit ausgebreitet und bereit, all die Kreativität, die deines Weges kommt, zu empfangen. So erkennst du, was dir am meisten zusagt. Wenn du etwas wirklich mit viel Herz erschaffst, dann leuchten deine Augen, du spürst ein Kribbeln und hast das Gefühl, deine Bestimmung gefunden zu haben. Das erfüllt dich mit dem Wunsch, dich immer weiterzuentwickeln.

Das ist *mit viel Herz erschaffen*. Vielleicht liefert dein Geist die praktischen Grundlagen, aber den Rest erledigt dein Herz. Vielleicht wirst du erstaunt sein, wie einfach das ist, sobald du deinen Wine Self-Talk durchführst. Aus heiterem Himmel könnte etwas völlig Unerwartetes kommen und mit einer Idee zusammentreffen, die du bereits im Hinterkopf hattest. *Das* ist fantastisch. Bleib für das alles offen. Sei offen für Chancen und hab Vertrauen, dass das alles da ist, sodass du es dir nehmen kannst. Du musst nur daran glauben und dich selbst als kreativen Menschen betrachten.

Genau das ist mir passiert, als ich Romanautorin wurde. Vor meiner Transformation dachte ich, ich hätte keinen Tropfen Schriftstellerblut in mir. Ich dachte, meine Kreativität würde sich auf die Wahl meines Lippenstifts beschränken. Ich delegierte sämtliche kreativen Projekte an meinen Mann, selbst wenn das bedeutete, dass *er* unserer Tochter Gutenachtgeschichten erzählen musste. Aber eines Tages trainierte ich im Fitnessstudio und fügte meinen Selbstgesprächen ein paar Sätze hinzu:

- *Ich bin eine produktive Schriftstellerin.*
- *Ich bin ein kreatives Genie.*
- *Ich bin angefüllt mit Geschichten.*
- *Es fällt mir leicht, Romane zu schreiben.*

Ich schmuggelte diese Zeilen in mein Selbstgespräch, so, wie ich immer Leber aus dem Fleischwolf in die Hamburgermischung schmuggle. Ich führte mein Selbstgespräch jeden Tag durch und aß metaphorisch gesprochen täglich Leber.

Dann geschah einige Monate später eines Tages etwas Erstaunliches.

Ich saß im Garten meiner Mutter, umgeben von Grapefruit- und Zitronenbäumen in der brennenden Sonne Arizonas. Das war am Beginn der Corona-Pandemie. Plötzlich hatte ich eine Idee für eine Geschichte. Sie schoss mir wie durch Zauberhand durch den Kopf. Aus heiterem Himmel. Ich war so schockiert, dass ich mich in meinem Sessel umblickte, um zu sehen, woher die Idee gekommen war. Doch gewiss nicht von mir, oder?

Aber sie war von mir gekommen!

Und als dieses Schleusentor erst einmal geöffnet war, kamen mir – *heiliger Bimbam* – immer mehr Ideen für Geschichten in den Sinn. Mein Selbstvertrauen wuchs. Ich war Feuer und

Flamme. Das bin ich noch immer! Meine Leidenschaft hält mich motiviert. Ich denke nicht im Traum ans Aufhören. Ich bin wie ein Schneeball, der einen Hügel hinunterrollt und im Rollen an Tempo und Ideen zulegt … und mein Leben und meine Schöpfungen immer größer macht. Mein Leben wird nie mehr dasselbe sein. Und das alles, nachdem ich mehr als vierzig Jahre verbracht habe, ohne mich jemals für eine Romanschriftstellerin zu halten.

Ab diesem Zeitpunkt habe ich einfach geschrieben und geschrieben. Die Wörter sprudelten wie ein Wasserfall aus mir heraus, fünftausend, zehntausend, ja sogar zwölftausend Wörter am Tag. Warum? Weil ich das, was ich tat, liebte. Ich glaubte an meine Bücher und meine Kreativität und wusste, dass mich diese auf eine fantastische Reise führen würden. Ich war mit ganzem Herzen bei der Sache. Und das machte es zum Abenteuer meines Lebens.

Auch du willst mit ganzem Herzen bei der Sache sein? Das motiviert und inspiriert dich nicht nur, an deinen Projekten festzuhalten, es führt auch dazu, dass du für neue und verrückte Ideen offener und empfänglicher bleibst. Dein angeborenes Genie nutzen kannst. Vergleiche das mit der Alternative, zum Beispiel einer Arbeit, zu der du dich »gezwungen« fühlst.

Hier ein Beispiel: Autoren können über Themen schreiben, für die sie brennen, oder sie können das tun, was man »für den Markt schreiben« nennt. Das heißt, sie beobachten, was sich gut verkauft, und schreiben gezielt für diesen Markt. Das tun viele Autoren, sie bringen ein Buch nach dem anderen ohne die notwendige Inspiration heraus. Das respektiere ich, aber es klingt nicht gerade magisch. Oder nach Spaß. Es klingt vielmehr nach schwerer Arbeit.

Ich schreibe über Dinge, die mich inspirieren, und so kann ich den ganzen Tag lang schreiben. Ich brauche nicht jeden Tag Inspiration, um mich hinzusetzen und zu schreiben, weil ich das, was ich tue, liebe … aus dem Bauch heraus zu schreiben.

Der folgende Self-Talk ist dafür gedacht, dich darin zu unterstützen, dass du auf natürliche, ganzheitliche und deinem Herzen angemessene Weise kreativ werden kannst. Und dass diese Inspiration anhält, damit du das Gefühl bekommst, in einem Reifenschlauch leicht und aufgeregt den Kreativitätsfluss hinunter zu treiben. Juhu!

Wine-Self-Talk-Text: Aus dem Herzen heraus erschaffen

Ich liebe die Ideen, die in meinem Herzen herumwabern und wirbeln. Dort findet sich immer Kreativität.

Ich bin ein Zentrum der Liebe, für mich und meine Ideen.

Ich erschaffe mit viel Herz, und dabei fliegen mir die Ideen mühelos zu.

Mit viel Herz erschaffe ich Kunst, und das ist spektakulär.

Ideen und Inspiration stürzen auf mich ein, und ich fange alles auf und speichere es mit Elan und Begeisterung. Mein Motto lautet: »Ich bin Erstaunlichem auf der Spur.«

Mir gelingt alles, wenn ich mit dem Herzen bei der Sache bin.

Ich öffne meine Flügel, breite sie aus und fliege. Ich bin eine kreative Seele. Das ist meine Natur. Es fällt mir zu. Schau, wie hoch ich steige!

Ich gehe meine Projekte, meine Kunst, mein Unternehmen und meine Kreativität mit Leidenschaft an.

Ich bin würdig, so ungeheuer würdig.

Ich bin Liebe, und ich liebe es, meine Schöpfungen mit der Welt zu teilen.

Dankbarkeit für meine starken kreativen Kräfte lässt mich grinsen. Ich bin geehrt, so viel Kreativität zu besitzen.

Originelle Ideen und Chancen fallen mir ständig in den Schoß, weil ich beschlossen habe, ein kreatives Leben zu führen. Ich folge meinem Herzen, und es kennt immer den Weg.

Wenn ich in den Spiegel blicke, sehe ich, dass neue Ideen in mir brodeln. Sie tanzen in meiner Seele und verstärken meine Freude. Ich liebe mein Leben!

Ich fühle mich in meinem warmen, kreativen, pulsierenden Herzen wohl und zuversichtlich.

Ich bin bereit, ich zu sein, und das heißt, dass ich frei bin. Um mit viel Herz und entspannter, komfortabler Leichtigkeit Neues zu erschaffen.

Die positiven Worte, die ich jeden Tag zu mir selbst sage, führen dazu, dass sich in meinem Gehirn neue Synapsen bilden und sich in meinem Herzen wunderbare Kreationen herauskristallisieren.

Ich reite auf meiner vom Herzen getriebenen Leidenschaft wie auf einem starken Hengst. Ich bin frei, schnell und kühn.

Ich liebe mich. Ich liebe andere. Ich liebe die Welt.

Ich bin voller Ideen, die die Welt zu einem besseren Ort machen.

Ich spüre jeden Moment meine Lebendigkeit. Ich atme wunderbare Ideen ein und Kreatives aus.

Mein Leben ist fantastisch!

Kreativitätstipp:
Führe ein Ideennotizbuch

Achte ab jetzt auf jede neue Idee, die dir in den Sinn kommt. Notiere jede Verknüpfung, die du herstellst, sei sie wichtig oder nicht, jede neugierige und kluge Frage, die dir durch den Kopf geht. Eine großartige Möglichkeit dafür ist, eigens zu diesem Zweck ein gesondertes kleines Notizbuch und einen Stift überall mit sich zu führen. Es parat zu haben, bereit, deine lustigen und verrückten Ideen aufzunehmen, sodass du Gedanken rasch notieren oder Kritzeleien oder Skizzen machen kannst, wann immer du von einem Geistesblitz getroffen wirst. Außerdem hilft es, diese interessanten Konzepte und Ideen aus dem Kopf zu bekommen und Platz für neue zu schaffen.

Allein der Akt, dein Ideennotizbuch in deine Jackentasche oder Tasche zu stecken, ist, als würdest du das Licht in deinem Kopf auf Grün schalten. Jetzt hast du eine offizielle Möglichkeit, deinen Schöpfergeist zu aktivieren, und dein Kopf beginnt, Ideen auszuspucken. Dein Geist fängt an, nach Gelegenheiten Ausschau zu halten, um Dinge zu erschaffen. Du wirst feststellen, dass du im Laufe der Wochen und Monate immer öfter nach deinem Notizbuch greifst, weil dein Kreativitätsmuskel dicker und stärker wird.

Mach dir keine Sorgen, wenn du nicht gleich verstehst, was jede Idee oder Verknüpfung bedeutet. Es geht nicht darum, sie zu interpretieren oder überhaupt etwas mit ihnen anzufangen ... jedenfalls noch nicht. Entscheidend ist, sie einfach aufzuzeichnen und die Gewohnheit zu

entwickeln, neue Ideen hervorzubringen. Was man mit all diesen genialen Ergüssen anfangen soll, kann man später herausfinden. Vorläufig ist es wichtig, sie auf Papier festzuhalten. Die Energie des kreativen Ausdrucks klopft an deine Tür. Öffne die Tür, heiße sie willkommen und bitte sie herein.

Lektion 3
Werde ein problemlösender Ninja

Das Gelingen ist manchmal das Endresultat einer ganzen Reihe missglückter Versuche.
Vincent van Gogh

Für einen bestimmten Schlag von harten Typen da draußen – die Problemlöser – sind Probleme fantastisch. Das sind Dinge, die wir lösen *müssen*. Mathematiker haben keine Angst vor mathematischen Problemen, sie widmen ihre ganze Karriere deren Lösung. Für sie bedeuten Probleme Spaß. Sie zu lösen, ist bereichernd.

Und wie sieht es bei Ingenieuren aus? Sie lieben es, Probleme zu lösen. Das tun sie im Grunde immer. Das Gleiche gilt für viele Manager. Und Architekten. Und Ärzte. Und Rechtsanwälte.

Wenn du dich für einen Problemlöser/eine Problemlöserin hältst, wenn das Teil deiner Identität ist, dann wird alles um dich herum einfacher, weil du gut darin wirst, die Welt nach deinem Willen zu gestalten. Es handelt sich um eine Superkraft, die du nur dadurch, dass du dich dafür entscheidest, besitzen kannst.

Ein Problem? Kein Problem.
Warum? Weil ich ein Problemlöser/eine Problemlöserin bin!

Aber es wird noch besser! Denn die gute Nachricht lautet: »Probleme sind in Wahrheit großartig!« Das behauptet jedenfalls Peter Diamandis, der vom Magazin *Fortune* als einer der fünfzig besten Unternehmensleiter ernannt wurde. Wenn er mit einem großen Problem konfrontiert ist, hat er Riesenherzen in den Augen – wie Roger Rabbit, der für Jessica Rabbit schwärmt –, denn wenn Peter ein Problem vor sich hat, sieht er darin eine Goldmine. Das liegt daran, dass die größten Probleme der Welt zugleich die größten Geschäftschancen der Welt sind.

Das gefällt mir. Das ist eine gute Herangehensweise an Probleme. Deshalb besteht die erste Regel darin, Probleme als Chancen zu betrachten. Stimmt! Abgehakt.

Komm mit Problemen zurecht und gehe sie mit Neugier an. Stimmt! Abgehakt.

Und Zuversicht.

Warte eine Sekunde ... Zuversicht? Dieser Punkt erhält nicht so schnell einen Haken.

Wie kann man Probleme mit Zuversicht angehen? Ganz einfach. Du wirst ein problemlösender Ninja. Und wie wirst du ein problemlösender Ninja? Indem du deine Fähigkeiten als Problemlöser/Problemlöserin verbesserst. Und wie macht man das? Lass uns anfangen.

Lass mich dir zuerst hinsichtlich der Vorteile, ein problemlösender Ninja zu werden, den Mund wässrig machen. Du entwickelst Strategien, um langfristige Probleme zu lösen, du verwandelst Probleme in fantastische Chancen und lebst ein magischeres Leben, weil du viel weniger Stress hast.

Die Verwandlung in einen problemlösenden Ninja ist einer der größten Vorteile, wenn man ein kreatives Leben führt, aber wenn du an Kreativität denkst, denkst du in der Regel nicht an Probleme, richtig? Am besten versteht man das, wenn man begreift, dass man, wenn man kreativ denkt, alle möglichen wahnsinnig tollen Verbindungen herstellt, was im Stresszustand normalerweise nicht gelingt. Das bedeutet, dass gestresste Menschen genau genommen jenen Teil des Gehirns abschalten, der mit der Situation am besten umgehen kann. Wohingegen du, als problemlösender Ninja, nicht nur nicht gestresst wirst, sondern diesen Mist tatsächlich genießt, weil er deinen Schöpfergeist zum Vorschein bringt und dir Tonnen von Befriedigung gibt, sobald du das, was gelöst werden musste, gelöst hast.

Erinnerst du dich an Winston Wolf, gespielt von Harvey Keitel, im Film *Pulp Fiction*? Sein Job besteht darin, Probleme verschwinden zu lassen. Wenn jemand ein Problem hatte, brauchte er ihn nur anzurufen. Wolf war ein problemlösender Ninja, und du kannst auch einer sein. Wie? Indem du das tust, was Wolf getan hat. Sein Geheimnis, um Probleme zu lösen? Er blieb extrem entspannt.

Entspann dich und lass los

Eine entspannte Einstellung ermöglicht deinem Gehirn, einzigartige und kluge Verbindungen herzustellen, und das hilft dir, beim Problemlösungsprozess kreativ zu werden.

Wenn du bei der Suche nach der Lösung für ein Problem feststeckst, besteht manchmal die beste Möglichkeit darin, es eine Weile ruhen zu lassen. Nimm dir eine Auszeit. Oder

arbeite an etwas anderem. Das ist auch unter dem Begriff *Aufgabenwechsel* bekannt und hilft dir, deine Gedankenprozesse zu verändern, damit du nicht vor Erschöpfung zusammenbrichst. Wenn du zwischen Aufgaben oder Projekten wechselst, kannst du dein Denken neu ausrichten. Das hilft deinem Gehirn, aus der Hamsterrolle herauszufinden und in einer anderen Richtung nach möglichen Lösungen Ausschau zu halten. Häufig führt das dazu, dass man die Situation aus neuen und manchmal ungewöhnlichen Blickwinkeln betrachtet.

Der Aufgabenwechsel hilft dir außerdem, dich zu entspannen. Du kannst innehalten, um Atem zu schöpfen, weil du weißt, dass du dich später dem Problem wieder widmen wirst. Und falls du es beim zweiten oder dritten Anlauf nicht gelöst bekommst, kein Problem. Lege es wieder zur Seite.

Das Unbekannte kann sich unangenehm anfühlen, aber bei der Suche nach Kreativität besteht eines der Ziele darin, die Komfortzone zu verlassen. Weil nur dann Magisches passiert. Wenn du dich entspannst und loslässt, wird dein Geist nicht gelähmt, sondern erweitert sich in neue Richtungen. Er öffnet sich und ist glücklich. Je häufiger du das tust, desto leichter fällt es dir, deine Kreativitätszone zu betreten, und diese Freisetzung der angeborenen Genialität hilft dir bei der Lösung aller möglichen Probleme.

Ein Problem vom Ende her sehen

Einer der großartigen Wege zur Genialität ist, ein Problem vom Ende her zu betrachten, als wäre es bereits eine Lösung für etwas anderes.

In den 1980er-Jahren ließ die japanische Eisenbahngesell-
schaft für eine Hochgeschwindigkeitsstrecke einen Tunnel
durch einen Berg graben. Das Problem war, dass sich der
Tunnel immer wieder mit dem Schmelzwasser des sich darüber erhebenden Berges füllte. Die Ingenieure der Firma
bemühten sich, eine Lösung für die scheinbar nie endende
Wasserflut zu finden.

Eines Tages trank ein durstiger Wartungsarbeiter dieses Wasser und stellte fest, dass es hervorragend schmeckte. Er machte den Vorschlag, die Firma solle das Wasser in Flaschen ab-
füllen und verkaufen.

Genau das tat sie und stellte an mehr als tausend Bahnhal-
testellen Verkaufsautomaten für ihr in Flaschen abgefülltes
Wasser auf. Später fügte sie dem Wasser Fruchtsäfte und Eis-
tee hinzu, und innerhalb von zehn Jahren belief sich der Ver-
kauf ihrer abgefüllten Getränke auf über 50 Millionen Dollar!
Sie machten aus dem Problem einen Vorteil!

Den Juckreiz stillen

Start-ups, Unternehmen, Ingenieure und Tüftler jeder Cou-
leur haben ein Konzept, das *den Juckreiz stillen* genannt wird.
Die Idee dahinter ist, dass man ein »Jucken« verspürt (ein
persönliches Bedürfnis hat) und einen Weg findet, das Jucken
durch Kratzen zu lindern. Und dann überlegt man, dass man
wohl nicht der Einzige mit diesem Problem ist und deshalb
auch andere Leute die Methode nützlich finden könnten.

Eines Abends im Jahr 2008 gelang es einem jungen Mann, der
in Paris an einer Konferenz teilnahm, nicht, ein Taxi anzu-

halten. Mit einem Mal wünschte er sich, mit seinem Smartphone eine Taxifahrt buchen zu können. Der Mann hieß Travis Kalanick, und er gründete ein kleines Unternehmen, von dem du vielleicht schon gehört hast. Heute hat Uber einen Börsenwert von mehr als 83 Milliarden Dollar!

Tanze die Antwort herbei

Ja, tanzen. Eine weitere Möglichkeit, das kreative Denken für Problemlösungen anzukurbeln, kann das Tanzen sein. Juhu! Vielleicht hältst du den Gedanken für etwas albern, aber Experten erklären, dass das Tanzen Einfluss auf die neuronalen Prozesse hat. Aber bedenke ... die Art des Tanzes bestimmt die Wirkung. Wenn du dein fokussiertes Denken verbessern willst, dann ist straff strukturiertes Tanzen angesagt. Etwa Ballett. (Ach du Schande!) Doch wenn du dir ein freieres Denken wünschst, von der kreativen Art, dann könnte es etwas weniger Strenges sein, wie zum Beispiel Hip Hop. (Puh! Das ist eher mein Ding.)

Gönne dir etwas Schlaf

Zur Verbesserung deiner Problemlösungsfähigkeit und Kreativität solltest du dir etwas Schlaf gönnen. Bei einer Untersuchung wies die Psychologin Dr. Deirdre Barrett ihre Studenten an, vor dem Zubettgehen über ein Problem nachzudenken. Sie fand heraus, dass die Studenten in ihren Träumen auf Lösungen des Problems stießen. Dr. Barrett stellte fest, dass die Hälfte der Studenten berichtete, Träume gehabt zu haben, in denen das spezielle Problem, auf das sie sich konzentriert hatten, auftauchte, und ein Viertel der Studenten kam in ihren Träumen tatsächlich auf Lösungen.

Bei einer in der Zeitschrift *Nature* veröffentlichten Studie stellten Forscher fest, dass die Teilnehmer, die, wenn sie an einem aufwendigen, langweiligen mathematischen Problem arbeiteten, doppelt so häufig eine bessere Möglichkeit fanden, das Problem zu lösen, wenn sie in der Pause ein Nickerchen machten, als diejenigen, die nicht geschlafen, sich also nicht ausgeruht hatten.

Ich meine, echt! Das ist doch perfekt … tanzen, schlafen und loslassen, um Probleme zu lösen? Ich bin dabei!

Erinnere dich! Probleme sind Geschenke

Probleme sind Geschenke, wenn zunächst auch seltsame. Aber kann man ehrlich behaupten, dass du nicht durch jedes Problem, vor das du gestellt warst, etwas dazugelernt hast? Oder dass du am Ende nicht besser oder klüger warst? Selbst wenn es eine Situation war, von der du meintest, gut darauf verzichten zu können, stelle ich das infrage. Auch in dieser finsteren Zeit hat es dir beigebracht, das Positive in deinem Leben mehr zu schätzen.

Alles hängt davon ab, wie du die Dinge siehst. Probleme können immer durch die rosa Brille betrachtet werden. An Herausforderungen wachsen wir mehr, als wenn wir ein kinderleichtes Leben führen. Wir wissen mehr Dinge zu schätzen, wenn wir herausfordernde Zeiten hinter uns haben. Wir sind danach stärker und klüger.

Probleme sind nichts Schlechtes. Sie sind Schritte, die wir den Berg des Fortschritts hinauf machen. Jedes Problem, das wir gelöst haben, macht uns zu einem stärkeren, härteren, erfahreneren Problemlösungs-Ninja.

Ein berühmter lateinischer Spruch lautet: *Per aspera ad astra* (durch das Raue zu den Sternen). Und ganz häufig kommen die besten Lösungen der Probleme von ganz unerwarteter Seite. Der folgende Text ist dazu gedacht, dir zu helfen, die innere Quelle deines problemlösenden Genies, das wir alle besitzen, anzuzapfen.

> Höre jedem zu, der eine originelle Idee hat,
> egal wie absurd sie zunächst klingen mag.
> Wenn du Zäune um Menschen ziehst, bekommst du Schafe.
> Gib den Leuten den Raum, den sie brauchen.
> William McKnight, Präsident von 3 M

Wine-Self-Talk-Text: Werde ein problemlösender Ninja

Ich betrachte Probleme als aufregende Herausforderungen, und ich stürze mich mit Begeisterung auf sie!

Jedes Mal, wenn ich vor einem Problem stehe, stelle ich mir eine einfache und mächtige Frage:»Was wäre, wenn?« Und die bringt mich immer auf neue Ideen.

Ich tanze meinen Weg – fetzig und poppig – zu Antworten und Lösungen.

Synapsen durchziehen mein Gehirn, und sie knistern mit Funken der Genialität.

Herausforderungen sind für mich keine große Sache, weil ich sie mit Selbstvertrauen und Ruhe anpacke.

Ich bringe mich mit Frieden und Ruhe in Einklang.
Ich habe meine Mitte gefunden. Ich bin entspannt.
Antworten schweben mir zu wie ein Hauch in der Brise.
Ich bin dankbar. Ich bin würdig. Ich bin großzügig.
Ich bin Liebe. Danke, Leben.

Ich bin meine eigene umwerfende Heldin. Ich erlebe jetzt meinen Moment, die Kraft baut sich in meinem Inneren auf. Die Antworten sind bereits um mich herum. Das ist so leicht zu erkennen. Ja! Ja! Ja! Es ist alles in mir.

Ich bin durch meine Selbstliebe so emporgehoben, ich bin brillant und ich komme mir vor, als könne ich die Hand ausstrecken und den Himmel berühren. Blassrosa Wolken umgeben mich, weich, stützend, und ich fühle mich so unglaublich gut.

Ich schillere aufgrund meiner Problemlösungsfähigkeit. Sie erfüllt mich. Ich bin wunderbar.

Ich bin Erfolg, ich bin am rechten Ort, zur rechten Zeit und löse und gewinne die besten Challenges.

Ich habe beschlossen, das fantastischste Leben zu führen. Ein Leben voller Kunstfertigkeit, Vision, Individualität und Ausdruckskraft.

Ich transzendiere, ich strahle Liebe aus, ich glaube. Jeden Morgen wache ich mit Wärme und Mut im Herzen auf.
Mitgefühl und Wachstum reizen mich.
Ich glaube. Ich glaube. Ich glaube an meine Kraft

Ideen und Lösungen schlängeln sich um und durch mich. Ich habe die Antworten parat.

Komische Lösungen sind meine Spezialität. Verrückt. Bizarr. Kreativ. Brillant. Sie fliegen mir von allein zu.

Meine Schwingung entspricht genau dem von mir gewünschten kreativen Ergebnis. Ich gehe Probleme mit Ruhe und Leichtigkeit an.

Ich mache weiter. Immer weiter. Ich bin eine Siegerin/ ein Sieger! ROARRR!

Geniale Lösungen zu finden ist ein Kinderspiel!

Ich bin ein Problemlöser-Ninja. Ich schleiche mich an Probleme heran, und Antworten fallen mir von allen Seiten zu.

Wenn ein Problem auftaucht, hellt sich mein Gesicht auf! Es ist Zeit für Spaß, und ich habe ein breites Lächeln im Gesicht. Ich bin bereit. Ich begrüße es.

Lass es uns anpacken!

Ich glaube an den höchsten Ausdruck meiner selbst. Mein Geist schwingt sich in die Höhe, bricht aus mir heraus und fliegt zu unbekannten Orten.

Freundlichkeit und Mitgefühl erfüllen mein Herz mit Frieden, und dieser ermöglicht mir, alle Zeiten durchzustehen.

Ich halte mein Herz unter allen Umständen emporgehoben. Das ist wahre Größe.

Ich gleite durch Probleme hindurch wie ein schlauer, sexy Fuchs und habe Spaß, sie zu lösen und unkonventionell zu denken.

Mein Schöpfergeist macht aus allen möglichen Problemen fantastische Chancen. Sie sind für mich eine Quelle der Inspiration!

Kreativitätstipp:
Stelle bessere Fragen

Tony Robbins, der Guru für Persönlichkeitsentwicklung, erklärt, dass wir unser Leben verbessern können, wenn wir nur bessere Fragen stellen. Das stimmt, denn das Gehirn ist tatsächlich ziemlich gut darin, Antworten auf Fragen zu finden. Man könnte meinen, dass die klügsten Leute diejenigen sind, die auf die besten Antworten kommen. Aber die klügsten Menschen sind tatsächlich diejenigen, die die besten Fragen stellen.

Hier ein Beispiel, das wir alle nachempfinden können. Angenommen, du musst etwas tun, von dem du nicht begeistert bist, wie etwa die Garage aufräumen. Lass uns davon ausgehen, dass die Garage in desaströsem Zustand ist und du nicht einmal weißt, wo du anfangen sollst.

Du könntest dich fragen: Wie soll ich die Garage nur aufräumen? Oder du könntest dir eine bessere Version der Frage stellen: Wie kann ich die Garage aufräumen und dabei Spaß haben? Oder: Wie kann ich die Garage aufräumen und dabei etwas Sport treiben?

Erkennst du, dass bereits eine andere Fragestellung dazu führt, dass sich dein Gehirn auf eine komplett andere Lösung konzentriert?

Vielleicht lautet die Antwort auf diese beiden Fragen, Musik laufen zu lassen und beim Aufräumen zu tanzen. Wie auch immer, diese Technik hilft dir dadurch, dass sich die Suche deines Gehirns nach Antworten verändert, Möglichkeiten zu sehen, die du andernfalls nicht bemerkt hättest.

Lektion 4
Die Erlaubnis für esoterischen Schmusekurs

Wenn eine Idee nicht zuerst absurd erscheint, taugt sie nichts.
Albert Einstein

Ich sitze hier in meiner Juju-Ecke und diktiere das Kapitel, das du gerade liest.

Es ist eine Ecke im Haus meiner Mutter in Arizona, wo wir gerade zu Besuch sind. Die Definition von »Juju« lautet: ein spirituelles Glaubenssystem, bei dem Amulette sowie Zaubersprüche Anwendung finden, beziehungsweise übernatürliche Kräfte, die einem Amulett zugeschrieben werden. Oder in meinem Fall einer Zimmerecke. Ja, das hört sich gut an. In meiner Juju-Ecke blicke ich auf Quarzkristalle, die ich um mich herum verteilt habe. Ich liebe die Formen. Ich liebe ihre Dichtheit und Härte; sie erinnern mich an Stärke. Ich liebe die Farben, und auf diese Art natürlicher Kunst zu schauen, weckt meine Gefühle.

Ich denke häufig über die Behauptung mancher Menschen im Hinblick auf die »Energie« dieser Kristalle nach. Über Menschen, die als zweifelhaft esoterisch abgestempelt werden. Glaube ich daran? Kann dieser Amethyst oder Rauchquarz wirklich heilen? Ziehen sie Wohlstand an? Ich habe keine Ahnung. Aber einer Sache bin ich mir sicher. Sie verändern die Energie in dieser kleinen Ecke, weil sie mich inspirieren, meine eigene Energie zu verändern. Wenn ich sie sehe, wecken sie Gefühle. Und das ist großartig! Erhabene Gedanken und Emotionen ziehen meine unglaublichen Träume schneller an.

In diesem Sinne ermuntere ich euch alle, ein bisschen esoterisch angehaucht zu werden. Falls ihr das bereits seid, umso besser für euch. Ihr werdet diesen Text lieben. Aber ich freue mich sogar noch mehr über die Menschen, die mit Esoterik nichts anfangen können und diese Lektion mit offenem Geist begrüßen ... oder zumindest die Mystik nutzen, um ihre Kreativität zu verbessern. Denn wir alle wissen, dass der Kreativitätsprozess ohnehin ein wenig geheimnisvoll ist, oder? Ich meine, die ganze Sache mit der Kreativität ist ziemlich mysteriös, wenn man genauer darüber nachdenkt. Das kann für die praktisch Denkenden da draußen tiefgreifend sein. Wenn Einstein auf die Relativitätstheorie kommen konnte, während er in einem Zug schlief, ist das für mich ein ausreichender Beweis. Die Mystik öffnet den Geist, sie erlaubt dir, den analytischen Teil deines Gehirns auszuschalten und dein Grübeln endlich sein zu lassen. Pablo Picasso sagte einmal: »Der Hauptfeind der Kreativität ist der gesunde Menschenverstand.«

Der Text am Ende dieses Kapitels ist dafür gedacht, dir die Genehmigung zu erteilen, voll auf esoterischen Schmusekurs zu gehen und dich zu Unmengen von Kreativität und Neuheit in deinem Leben inspirieren zu lassen. Die Erlaubnis,

»Was wäre, wenn«-Fragen auf einem glitzernden fliegenden Teppich umfassend zu erkunden. Ich empfehle, das in einigen unterschiedlichen Arten und Weisen zu tun und nach Ideen und Fragen Ausschau zu halten, indem du einen der folgenden Wege zur Inspiration einschlägst (oder dir etwas Ähnliches aus der eigener Fantasie erdenkst):

- Kreativitätstalisman und Spezialeffekte
- Die Natur und ihre enormen Kräfte
- Ein flüchtiger Blick ins spekulative Land der Fiktion
- Zukunftsbrille
- Zeitreise in die gute alte Zeit

Möglicherweise verbringst du nicht viel Zeit mit diesen Dingen, oder vielleicht tust du es nur, wenn du einen Roman liest oder dir eine wahnsinnig tolle Fernsehserie wie *The Expanse* anschaust. Aber das sind gute Gelegenheiten, deinen Geist zu erweitern, um ein paar jenseitige und kreative Gedanken aufzunehmen, sodass diese in dein Gehirn und in deine praktischen Alltagsgedanken einsickern können. Denn genau dann entstehen wahnsinnig verrückte Ideen. Erst wenn sich die banalen Gedanken mit den verrückten Ideen vereinen, entsteht etwas Erstaunliches, und wir bringen etwas wirklich Neues hervor.

Als Schriftstellerin halte ich diese Art des Denkens für mein Schreiben für unverzichtbar. Aber wichtiger noch, es ist eine Universalmethode zur Problemlösung mit verblüffenden Vorzügen. Wenn du Science-Fiction-Filme schaust, wirst du dadurch nicht plötzlich eine Warp-Antriebstechnik erfinden, aber wenn du dich regelmäßig mit Dingen beschäftigst, die es nicht gibt, bildet dein Gehirn Synapsen und feuert Neuronen, weil es sich daran gewöhnt, mit neuen Ideen jeder Art aufzuwarten. Zum Beispiel mit Dingen, die das Alltagsleben erleichtern. Gib diesem Kreativitätsprozess Nahrung. Lass uns eine Reise mit dem fliegenden Teppich zur Mystik unternehmen!

Kreativitätstalisman und Spezialeffekte

Besorge dir als Erstes einen Kreativitätstalisman ... vielleicht ein paar Kristalle oder Märchenfiguren. Oder ein Einhorn aus Plüsch oder ein paar Star-Wars-Figuren. Funkelnde Dinge, ein Buch über Fabelwesen oder einen Weinkelch aus Zinn, versehen mit einem Drachen als Wappenbild. Oder du sorgst für eine spezielle Stimmung, zum Beispiel durch Kerzen, eine rote Lavalampe, Düfte oder durch eine dieser schicken Lampen, die Sterne an die Zimmerdecke projizieren ... was immer du willst. Wenn du ein Objekt hast, stelle es auf deinen Schreib- oder Nachttisch. Oder halte es in der Hand, während du den folgenden Wine-Self-Talk-Text liest.

Die Natur und ihre enormen Kräfte

Wenn ich dasitze und über die Natur nachdenke, werde ich von Ehrfurcht über ihre Kräfte ergriffen. Sie kommen mir so magisch vor. Manchmal subtil, manchmal gewaltig. Babys, die geboren werden, und Blumen, die in allen Farben und Formen aus Samen wachsen. Hummeln und Kolibris und Raupen. Die Gezeiten und der Vollmond. Ganz unten, die tiefsten Meerestiefen, wo verrückte, auch unheimliche Kreaturen lauern ... Ich meine diejenigen, die in der Dunkelheit leuchten ... und Riesentintenfische? Was zur Hölle? Mir läuft ein Schauder über den Rücken. So fühle ich mich, wenn ich an die Natur denke. Und das ist alles unglaubliches Futter für die kreative Seele.

Nimm dir etwas Zeit und denke über die Natur und ihre Elemente nach, und du bekommst eine Gänsehaut. Recherchiere im Internet und suche nach Naturbildern, die dazu führen, dass dir die Kinnlade herunterklappt. Mach dir diese Recherchen zur Gewohnheit. Sie sind eine großartige Möglichkeit, mehr Kreativität in dein Leben zu bringen, weil du dadurch Dinge siehst, die in geradezu unfassbarem Umfang existieren.

Ein flüchtiger Blick ins Land der spekulativen Fiktion

Außerdem nutze ich die »spekulative Fiktion« und Filme über den Weltraum als Mittel, um mein Denken von gewöhnlichen Alltagsdingen loszureißen. Um weiterzublicken, wenn man so will. Um ohne Beschränkungen über Möglichkeiten nachzudenken. Ich lasse mich auf diese verrückten Ideen ein, was mich immer denken lässt: Ach, du heilige Scheiße, was wäre, wenn? Was wäre, wenn wir wirklich Babys in künstlichen Gebärmuttern heranwachsen lassen könnten? Was würde das mit unserer Gesellschaft machen? Oder was wäre, wenn die Menschen ewig leben würden? Was würde das bedeuten? Oder würde ich mitmachen, wenn wir in zehn Jahren den Mars besiedeln könnten? Wie würde das sein?

Je mehr du deinen Geist dieses fantastische Terrain der Fantasie erkunden lässt, desto leichter fällt es dir, dir nie dagewesene Dinge vorzustellen.

Als ich aufwuchs, war meine Vorstellung von Science-Fiction grob vereinfachend. Tatsächlich hatte ich lediglich *Star Wars* gesehen, das ich mir nur deshalb anschaute, weil mein älterer Bruder darauf stand. Ich hingegen mochte Chewbacca und Prinzessin Leia Organa.

Als ich Greg kennenlernte, machte er mich auf tieferer Ebene mit Science-Fiction bekannt. Es stellte sich heraus, dass *Star Wars*, technisch gesehen, eher Fantasy ist, die im Weltraum spielt, wohingegen sich die eher literarische, spekulative Fiktion (zu der Science-Fiction auch zählt) mit wirklich tiefgründigen Dingen befasst. Wie zum Beispiel mit der Frage, was es wirklich bedeutet, ein Mensch zu sein. Und worin das Potenzial der Menschheit tatsächlich besteht. Und wie die Zukunft aussehen könnte. Je mehr Filme und Fernsehserien ich mir anschaute und je mehr Bücher ich las, desto mehr lernte mein Geist, sich zu verbiegen und zu verdrehen. Deshalb blähte sich mein Geist mit Gedanken und Fragen auf, als ich diese Ideen und Themen der Erlaubnis hinzufügte, voll auf esoterischen Schmusekurs zu gehen. Jetzt kann ich, in meinem Wohnzimmer sitzend, eine spekulative Geisteshaltung nutzen und meinen Geist in alle möglichen Richtungen wandern lassen, selbst wenn ich über praktische Dinge der realen Welt nachdenke, etwa was in der nahen Zukunft mit der Technologie, den sozialen Medien, der Demokratie, der demografischen Entwicklung oder bestimmten Rohstoffbeständen geschehen könnte.

Zukunftsbrille

Mein Mann besitzt die Gabe, Trends früh zu erkennen. Er hat seine erste E-Commerce-Website 1995 eingerichtet, als die sogenannten »Experten« von CNN wörtlich sagten: »Das Internet ist nur eine Modeerscheinung« und »Niemand wird je von einem Fremden etwas am Computer kaufen«. Er hat in eine der ersten Firmen, die 3-D-Drucker herstellten, investiert. Im Jahr 2013 hat er Tesla-Aktien zu 28 Dollar das Stück gekauft. Und Bitcoins, als sie bei 300 Dollar lagen (Ende 2022 stand der Wert bei 16.000 Dollar, er lag aber auch schon bei 50.000 Dollar). Ich habe also gelernt, seine verrückten Vorhersagen ernst zu nehmen. In Wahrheit sagt er:

»Wenn es nicht ein bisschen verrückt klingt, bist du schon zu spät dran.«

Vor Jahren, als E-Books ganz neu waren und Greg und ich meinen Blog starteten und meinen Kochbuchverlag gründeten, hatten wir ein paar knappe Zeitpläne, die mir oft das Gefühl vermittelten, es sei frivole Zeitverschwendung, über Dinge zu lesen, die nicht direkt etwas mit dem Unternehmen zu tun hatten. Aber mir fiel ein Zitat ein, das ich einmal gelesen habe: *Manager haben keine Zeit zu lesen, aber Leute, die nicht lesen, sind für Führungsaufgaben nicht geeignet.*

Mit anderen Worten: Ob du Zeit hast oder nicht, du musst dein Gehirn weiter mit neuen Informationen füttern (sei es durch Lesen oder andere Formate, wie etwa Podcasts hören, usw.).

Deshalb erteilten wir uns offiziell die Genehmigung, dafür Zeit zu investieren, auch wenn der Nutzen nicht sofort sicht-

bar war. Man weiß nie, was am Ende wichtig ist. Manches zahlt sich später aus, manches nicht.

Wir dachten uns ein Codewort für die Idee aus, alle möglichen Dinge zu entdecken, die sich eines Tages als wichtig erweisen könnten:»Zukunftsbrille«.

Das Codewort diente uns als Erinnerung, nicht nur daran, stets neue Dinge zu erkunden, sondern den Geist auch immer bewusst für die Suche nach Trends offen zu halten. Deshalb schicke ich Greg zum Beispiel einen Link unter dem Betreff »Zukunftsbrille«, damit er weiß, warum ich ihn ihm schicke, nämlich dass er sich auf einen Trend beziehen könnte, den er interessiert verfolgt.

Es könnte für ein Ehepaar etwas schräg sein, ein Codewort zu nutzen, aber ab dem Moment, als wir es uns ausdachten, hatte es eine tiefgreifende Wirkung. Es war, als hätten wir uns in diesem Moment eine Hightech-Brille aufgesetzt und könnten auf einmal zukünftige Dinge und Chancen erkennen. In Wahrheit formalisierten wir nur die Idee, nach interessanten Sachen Ausschau zu halten. Als wäre es ein offizieller Teil unserer Arbeit. Wenn du dein Gehirn anweist,»suche nach etwas Blauem«, fängst du an, blaue Dinge zu bemerken. Nun, das Gleiche gilt, wenn du deinem Gehirn sagst, es solle nach potenziellen Chancen Ausschau halten.

Die Chancen könnten alles Mögliche sein ... Ideen für Dinge, die man aufgrund von Überlegungen über einen zukünftigen gesellschaftlichen Bedarf erfinden könnte. Es könnte ein Aktieninvestment aufgrund eines Trends sein. Es könnten aber auch vernünftige Vorsichtsmaßnahmen für den Fall einer Naturkatastrophe oder eines Wirtschaftsabschwungs sein.

Was für eine großartige Art, Kreativität zu nutzen, nicht wahr? Das macht so viel Spaß! Wir haben immer höchst interessante Gespräche und spekulieren über die möglichen Implikationen irgendwelcher Nachrichten. Vor allem die Dinge, die nicht offensichtlich sind, stellen die größten Chancen dar. Wir blicken auf unser aktuelles Leben und stellen uns dann vor, was in naher Zukunft geschehen könnte, und wir entwerfen Strategien, wie wir davon profitieren könnten. Und wie wir mögliche Probleme, die wir am Horizont heraufkommen sehen, lösen oder vermeiden können.

Wir haben uns angewöhnt, nach Trends Ausschau zu halten, und sobald etwas im Internet oder in den Nachrichten auftauchte, stellte mein Geist automatisch Verbindungen her. Mir kamen zündende Ideen, und das tun sie noch heute, fast fünfzehn Jahre später.

Selbst wenn die Ideen zu keinen Ergebnissen führen, die wir umsetzen, ist die Übung an sich von unschätzbarem Wert, um unsere Kreativprozesse und Problemlösungsfähigkeiten zu verbessern. Nebenbei bemerkt, war das auch für unsere Beziehung wunderbar. Wir diskutieren immer über die Zukunft, sei es unsere eigene oder die der ganzen Welt.

Zeitreise zurück in die gute alte Zeit

Von Diana Gabaldons berühmten Romanen und der TV-Serie *Outlander* inspiriert, konnte ich gar nicht anders, als mich jedes Mal, wenn ich die Serie anschaute, zu fragen, ob man, wenn man in der Zukunft lebte und eine Zeitreise zurück unternehmen würde, eine solche Klarheit über viele Aspekte der Zukunft und der Veränderungen, die sie mit sich bringt, gewinnen könnte. Vielleicht geht es nur mir so, aber die Vorstellung, die Zukunft zu kennen und sie mit der früheren Lebensweise zu vergleichen, hat meine Sicht auf die Welt wirklich verändert und mein kreatives Denken angekurbelt.

Und wenn ich die Serie nicht schaute, stellte ich fest, dass ich geistig auf eine Zeitreise zurück in die gute alte Zeit war. Ich stellte mir das Leben in der Vergangenheit vor, zum Beispiel im 18. Jahrhundert oder im Wilden Westen, und malte mir aus, wie es gewesen sein muss und wie die Menschen es bewältigt haben. Ich blickte mich um und fragte mich, welche wichtigen Dinge wohl gefehlt haben. Etwa Antibiotika. Oder Klimaanlagen. Oder Wattestäbchen! He. Was war für diese Veränderung notwendig? Was stand dem Fortschritt im Weg? Und dann blickte ich mit dieser komischen, veränderten geistigen Verfassung auf mein heutiges Leben und versuchte mir vorzustellen, welche erstaunlichen Dinge uns in unserer eigenen Zukunft erwarten werden und was diesem Fortschritt bislang im Wege steht. Und wieder stelle ich fest, dass mein kreatives Denken aus allen Nähten platzt. Nicht mit hundertprozentig nützlichen Ideen, sondern vielmehr mit so vielen Ideen, dass es sich lohnt, die besten zwei Prozent zu bewahren. Mit Kreativität kommt die Qualität durch die Menge der Ideen.

Es geht vor allem um das Training des Kreativitätsmuskels, und wenn du mithilfe von Spiritualität Zugang zu deiner Kreativität hast, gestattest du dir, total unkonventionell zu denken, sei es über Magie, Zeitreisen oder was auch immer. Nutze alles und jedes, um deine Fantasie wie eine Hüpfburg aufzupumpen. Du wirst über die Verbindungen und die Frische in deinem Leben sprachlos sein, wenn du deine Gedanken mit dieser Art mäandernden und den Geist weitenden Übungen flutest.

Gestatte dir deshalb, voll auf esoterischen Schmusekurs zu gehen, wenn es auch bedeutet, an Engel oder Aliens zu glauben oder so zu tun, als wären die Glühwürmchen im Sommer in Wahrheit kleine Waldelfen. (Psst ... das sind sie wirklich!) Auch wenn das bedeutet, einen Zitrin neben deinen Laptop zu legen, um finanziellen Erfolg zu fördern, oder eine Amethyst-Geode unter dein Kopfkissen zu stecken, um für Entspannung und schöne Träume zu sorgen ... und Rosenquarze in die Ecken deines Schlafzimmers zu tun, um die zuckersüße Liebe zu finden. Das alles fördert die Kreativität, weil du deine machtvolle Fantasie dazu anhältst, dein angeborenes Genie freizusetzen.

Die Erlaubnis, die Esoterik in dein Leben einzuladen, ist genau genommen die Erlaubnis, deiner Fantasie freien Lauf zu lassen und sie so weit zu treiben, wie du nur kannst. Schließlich war es einer meiner Helden, Albert Einstein, der einmal sagte:

Fantasie ist wichtiger als Wissen, denn Wissen ist begrenzt. Fantasie aber umfasst die ganze Welt.

Wine-Self-Talk-Text:
Die Erlaubnis für esoterischen Schmusekurs

Ich liebe es, kreativ zu denken, und ich bin für alle Ideen und alle Richtungen offen.

Ich bin so sehr mit mir selbst in Einklang, dass ich bereit und offen für neue, feurige Ideen bin! Fliegender Teppich, ich komme!

Ich erweitere mein Wissen. Ich bin voller Fantasie. Ich bin eine Schöpferin/ein Schöpfer.

Ich werde meine Ideen immer zeigen. Ich werde immer zeigen, wie ich mich wirklich fühle, weil meine Gefühle und Ideen valide sind und geschätzt werden.

Ich habe ein wunderbares Herz, voller Dankbarkeit und Liebe für all meine Segnungen.

Ich setze meine Hightech-Zukunftsbrille auf und spekuliere über alle möglichen interessanten Dinge.

Ich werde lebendig. Ich bin offen und elektrifiziert, ich empfinde sternengleiche Liebe für mich, mein Leben und für meine Inspirationen, die wie Kometen am Himmel um mich herum sausen.

Ich bin der Kreativität und brillanten Ideen würdig.

Ich bin dankbar für meine Neuheit und Vorstellungskraft.

Ich schätze meine Originalität, meine neu entdeckte Liebe für das Unbekannte und das magische Grummeln in meinem Inneren.

Ich empfinde Ehrfurcht vor der Natur und ihren Wundern. Sie wecken meine eigene kreative Kraft.

Ich habe eine Aufgabe, mich selbst zu lieben. Wir alle verdienen es, uns zu lieben, damit wir die Welt für andere heller machen können.

Ich habe in meinem Leben Menschen ausgesucht, die mich sehen, mich ich sein lassen, die wollen, dass ich gewinne. Das wünsche ich auch ihnen.

Ich liebe es, meine Intuition für erleuchtende Führung zu nutzen. Ich schließe die Augen, nehme einen tiefen Atemzug und finde meinen Weg zu den Antworten.

Ich denke über alles nach, von Zeitreisen bis zu Raketen aus Gold. Mein Geist wandert unbeschränkt bis zum Rand der Galaxie. Ich freue mich, weil ich von dieser Kreativität angezogen werde.

Alles ist möglich. Ich blicke zum Himmel hinauf. Ich fülle mein Herz mit Liebe und bin auf dem Weg zum kreativen Spiel.

Meine Fantasie tanzt mit den Sternen, mit Feen und Gnomen. Meine Ideen stellen in mir Verknüpfungen her und funkeln. Ich bin so lebendig!

Die geringste unerwartete Veränderung könnte mein ganzes Leben auf eine komplett andere Bahn schubsen. Ich bin für alle Möglichkeiten offen.

Ich werde von der magischen Energie des Universums unterstützt. Ich bin auserwählt. Ich bin bereit.

Ich bin hier, um auf höchstem Niveau zu leben und zu agieren.

Meine Kreativität reagiert auf meine Gedanken und Gefühle. Ich bin geschickt und einfallsreich.

Neue Ideen entfalten sich in mir zu jeder Tages- und Nachtstunde.

Kreativitätstipp:
Empfänglich durch Meditation

Die Wissenschaft belegt, dass gewisse Arten der Meditation das kreative Denken unterstützen können. Vielleicht hast du gedacht, Meditation sei nur eine Möglichkeit, um zu entspannen und Stress zu reduzieren, aber die Vorzüge reichen noch viel weiter.

Setze dich bequem hin, schließe die Augen und lass dich auf eine magische Yogameditation ein. Um den kreativen Prozess beim Meditieren anzukurbeln, stelle sicher, dass dein Fokus offen ist, damit dein Geist wirklich schwarz und leer ist. Und für alles und jeden empfänglich wird. Keine Konzentration auf einzelne Dinge. Lass zufällige Gedanken und Ideen über die leere schwarze Leinwand deines Geistes huschen, und registriere sie lediglich. Stelle einen Wecker auf zwei Minuten und einen Timer zur Erinnerung, dies ein paar Mal pro Woche zu wiederholen.

Lektion 5
Kreatives Selbstvertrauen

Nichts auf der Welt ist so mächtig wie eine Idee,
deren Zeit gekommen ist.
Victor Hugo

Ich liebe dieses Zitat. Ich rufe es mir jedes Mal ins Gedächtnis, wenn ich das Gefühl habe, nach zu vielen Regeln zu leben. Ein von Restriktionen bestimmtes Leben. Ich hole das Zitat hervor, lese es ein paar Mal und mache weiter, um ein Leben mit weniger Restriktionen und mehr Selbstvertrauen zu führen. Mit mehr Risiken, mehr Belohnungen. Und mehr Spaß. Ein Leben mit zu vielen Regeln ist ein Leben mit Leitschienen. Leitschienen sind super beim Bowling, wenn du fünf Jahre alt bist, aber ab einem bestimmten Zeitpunkt musst du sie entfernen.

Außerdem hast du viel größere Erfolgschancen, wenn du außer Rand und Band gerätst ... rennst, springst und spielst. Das gilt insbesondere für die Kreativität. Sie hält sich nicht an Regeln, so entsteht nebenbei neue Kunst, was bedeutet, sich jeden Tag kühn auf neue Chancen zu stürzen.

Als mir die Idee für einen Liebesroman einfiel, fragte ich mich, ob das ein Zeichen sei, dass ich einen neuen Weg einschlagen und Schriftstellerin werden sollte. Einen Augenblick dachte ich: »Klar, ich habe eine Idee für eine Geschichte. Aber reicht das? Nur eine?«

Nein, wie sich herausstellte.

Ich nutzte meine Selbstgespräche und entschied mich, mir mein Leben vorzustellen, wenn ich viele Romane schreibe, voll Selbstvertrauen, dass mir, wenn mir eine Idee einfiel, auch jede Menge einfallen konnte. Ich entschied mich, an Fülle zu glauben. Ich sagte mir immer wieder: »Ich bin ein kreatives Genie.« Ich ließ diesen Satz sogar auf das Case meiner Apple AirPods gravieren! Als ich mich regelmäßig daran erinnerte, dass ich tatsächlich ein kreatives Genie bin, durchbrach ich sämtliche mentalen Barrieren wie etwa folgende: *Aber ich habe keine Ausbildung im kreativen Schreiben. Aber ich habe nicht einmal eine Kurzgeschichte verfasst. Was weiß ich schon über das Schreiben von Fiktion? Es ist sicherer, beim Schreiben von Sachbüchern und Blogs zu bleiben.*

Aber. Aber. Aber. *Lauter Leitschienen. Regeln. Henkerschlingen.*

Und als ich ein Veto gegen diese Gedanken einlegte, mich über sie hinwegsetzte, sie überwand, öffnete sich mein Geist für neue Chancen. Ich bezwang meine Zweifel und lähmenden Regeln. Ich entschied mich, meiner kreativen Fähigkeit zu vertrauen. Ohne Regeln, nur mit inspirierter Leidenschaft. Vor allem entschied ich mich, daran zu glauben, dass meine kreative Quelle nie versiegen würde.

Zunächst hatte ich keine Veranlassung, so zu denken. So etwas hatte ich nie zuvor in meinem Leben getan. Aber ich wusste über die Macht des Gehirns Bescheid, und meine Intuition sagte mir, dass ich alles schaffen würde. Wie immer begann es mit meiner Einstellung – und meinen Selbstgesprächen.

Ich bin ein kreatives Genie.
Ich bin ein kreatives Genie.
Ich bin ein erstaunliches, brillantes, kreatives Genie!

Ich wiederholte diese Wörter immer wieder. Nicht nur jeden Morgen bei meinem Coffee Self-Talk, sondern den ganzen Tag über.

Und weißt du was? Ich fing an, daran zu glauben.

Nach ein paar Tagen wachte ich eines Morgens auf und kam mir vor, als hätte ich eine Kreativ-Genie-Pille geschluckt, und es war einfach Tatsache, dass die Pille ihre Wirkung entfaltet hatte. Ich ging überzeugt, dass es natürlich geschehen würde, durch mein Haus.

Je öfter ich mir sagte: Ich bin ein kreatives Genie, desto zuversichtlicher wurde ich mit Blick auf meine Kreativität, noch bevor ich das erste Wort des Romans geschrieben hatte. Es war, als würde ein Dimmer-Schalter in mir langsam mein Selbstvertrauen hochdrehen ... dieser verrückte Glaube, dass ich es wirklich schaffen konnte. Kannst du dir vorstellen, wie seltsam es war, etwas nie zuvor getan zu haben, aber dennoch das Gefühl zu bekommen, irgendwie bereits zu wissen, wie es zu tun ist? Als wäre ich in einem früheren Leben Schriftstellerin gewesen und hätte diese Autoren-DNA in mir, die jetzt nur aktiviert werden musste.

So wirken meine Selbstgespräche auf mich. Es mag anfangs, wenn ich etwas Neues sage, fremd wirken, aber bald beginnt es, sich wahr anzufühlen, als wäre es ein Teil von mir. Ein Wissen tief in meinem Inneren. Und dieses Wissen ruft die erstaunlichsten Gefühle hervor – erstaunliches Selbstvertrauen – und DAS führt zur Manifestierung!

Nur wenige Abende später, als ich einschlafen wollte, begann mein Geist mit Ideen für Geschichten geradezu zu explodieren. In einer davon finden sich der Held und die Heldin in einer Geschichte von »Gegensätze ziehen sich an«. In einer anderen war es das klassische Szenario von Freunden, die zu Geliebten werden. In wieder einer anderen war es – warte! – eine Sport-Romanze. Sport-Romanze? Wie bitte? Wo kamen diese Ideen bloß her?

Ich war überwältigt. Nicht nur, weil mir auf einmal alle diese Geschichten einfielen, ich war außerdem sprachlos, dass es überhaupt passierte. Mir. Ich tastete in der Dunkelheit nach meinem Smartphone auf dem Nachttisch und begann, wie wild alle diese Ideen, eine nach der anderen, in meine Evernote App einzugeben. Ich fühle mich immer ganz kribbelig, wenn ich nur daran zurückdenke. Es fühlt sich bis heute so verdammt magisch an.

Die entscheidenden nächsten Schritte

Wenn dir eine Idee in den Sinn kommt, stellt sich die Frage: Was ist damit anzufangen?

Schalte ich in meinem Leben in einen ganz anderen Gang und schlage eine ganz neue Richtung ein? Ich fragte mich, ob das Schreiben des Romans nur eine kolossale Zeitverschwendung sein würde. Was wäre, wenn dabei nichts herauskäme? Bla, bla, bla ... Ich meine, stopp! Wie könnte die Ausschöpfung von Kreativität jemals Zeitverschwendung sein? Man kann gar nicht scheitern. Selbst wenn ich kein einziges Ex-

emplar meines Buches verkaufen würde, wusste ich, dass der Prozess, es zu schreiben, mein Leben auf gewisse Weise verbessern würde. Ein kreatives Leben macht, auch wenn die Bedingungen ansonsten gleich bleiben, mehr Spaß.

Ein kreatives Leben macht mehr Spaß, weil es bunter, von Natur aus unterhaltsamer und interessanter ist. Nachdem ich angefangen hatte, Romane zu schreiben, begann ich, die Welt mit anderen Augen zu sehen. Ich wurde mir meiner Umgebung bewusster. Ich sah Gebäude in neuem Licht und Schatten. Ich bemerkte, wie sich die Bäume im Wind bewegten, und überlegte, wie ich das mit Worten beschreiben könnte. Ich begann, die Natur sowie die Menschen und ihr Verhalten genau zu beobachten. Das betrachtete ich alles als Recherchen für mein Schreiben, aber es entwickelte sich zu einer großartigen Lebensweise, weil ich bei jedem Schritt, den ich tat, so viel präsenter wurde.

Außerdem bereicherte es mein Leben auf andere Weise, wie etwa bei der Lösung von Problemen. Die Tatsache, dass ich etwas Künstlerisches tat, öffnete meinen Geist für neue Dinge. Jetzt bin ich immer auf der Suche nach neuen Ideen, neuen Verbindungen und neuen Antworten auf alte Fragen.

Das alles stärkte mein Selbstvertrauen.

Natürlich kann das Reisen abseits der ausgetretenen Pfade auch zu Unsicherheit im Leben führen. Aber Shekhar Kapur sagte einmal: *Ich habe mein Leben der Unsicherheit gewidmet. Sicherheit ist der Tod von Weisheit, Gedanken, Kreativität.*

Wenn ich mir ein außergewöhnlicheres Leben wünschte, bei dem meine Tage von frischem Wind durchweht werden würden, dann brauchte ich mehr Kreativität. Falls der Preis dafür

eine gewisse Unsicherheit sein sollte, dann würde ich ihn bereitwillig bezahlen. Unsicherheit kann sogar aufregend sein!

Unsicherheit muss dein Selbstvertrauen nicht untergraben. Sobald du dich einmal daran gewöhnt hast, mit Unsicherheit zu leben, geschieht tatsächlich genau das Gegenteil. Du lernst, darauf zu vertrauen, dass es dir gut gehen wird, egal was die Zukunft bringt.

Eine Möglichkeit, um Selbstvertrauen hinsichtlich deiner Kreativität zu entwickeln, besteht darin sicherzustellen, dass Kreativität und Einfallsreichtum in deinem Geist stets willkommen sind. Sag dir, dass du Kreativität erwarten kannst. Öffne dein Leben dafür. Suche dir ein paar kreative Dinge, um sie zu fördern. Sorge dafür, dass der Zustand deines Geistes reif für kreative Erkundungen ohne Erwartungen ist. Wie ein Bauer, der den Boden bestellt, schafft diese Einstellung perfekte Bedingungen für das Ausbringen von Pflanzensamen, die später Früchte tragen.

Das Gleiche geschieht mit deinen Ideen und deiner Kreativität. Du wünschst dir die besten Bedingungen, um Samen auszubringen, und diese bietet der Wine Self-Talk. Zusammen mit all den in diesem Buch eingestreuten Ideen. Je öfter du ihn machst, desto mehr erweitert sich deine Kreativität, und das schenkt dir größeres Vertrauen, dass deine Kreativität nie versiegen wird.

Mach weiter!

Du willst deinen Schwung immer beibehalten. Mach weiter. Immer weiter. Was ich damit meine? Wenn dir eine Idee

einfällt, kannst du entscheiden, ob du damit etwas anfängst oder nicht. Wenn nicht, speichere sie für zukünftige Zwecke. Wenn du beschließt, mit der Idee weiterzumachen und etwas in die Welt zu setzen, ist das großartig! Aber dann ... mach weiter. Losgelöst vom Ergebnis. Wie bitte? Ich soll mit Leib und Seele bei der Sache sein und mich dann davon lösen? Von meinem *Baby*? Genau.

Du willst die Energie der Kreativität immer weiter fließen lassen. Häufig hängen wir an unseren kreativen Werken, und das ist gut, solange man mitten in einem Projekt steckt, aber sobald dieses fertig ist und du es in die Welt setzt, werden die Leute darauf reagieren, wie sie wollen – mit Lob oder Kritik. Wahrscheinlich mit beidem. Lass dein Ego nicht ins Spiel kommen. Das führt nur zu unnötigem Stress. Wenn du zu sehr an deiner Schöpfung hängst, kann dich das in einen emotionalen Überlebenszustand versetzen. Angst, Furcht, Sorge und Selbstzweifel. Zur Hölle damit! Die brauchst du nicht.

Setze deine kreativen Werke stattdessen einfach mit Liebe in die Welt und blicke nicht zurück. Mach weiter. Auf zum nächsten Projekt!

Diese Art der klaren Loslösung regt zu einem gelassenen Verhalten an und stärkt dein Selbstvertrauen, wenn du von einem Projekt zum nächsten gehst, zuversichtlich und immer in dem Wissen, dass am Horizont etwas Neues wartet. Es bleiben noch so viele tolle Dinge zu tun!

Loslösung bedeutet nicht, dass du dir großartigen Erfolg nicht lebhaft vor Augen führen kannst! Das kannst du definitiv – bei jedem Projekt und bei deinem kreativen Streben allgemein. Aber lass nicht zu, dass du von Erfolg abhängig wirst, um glücklich zu sein, denn dann wirst du Gefangene oder Gefangener der Meinung anderer, der Rezensionen, Verkaufszahlen, der Likes, Retweets und so weiter. Es ist viel besser, unabhängig zu sein. Entspannt. Mit dieser gesunden Einstellung wirst du nach einem Projektstart distanzierter sein, und das wird es dir sehr erleichtern, dein nächstes Projekt anzugehen.

Emotionale Distanz bietet dir einen geheimen Vorsprung, einen Vorteil in allem, was du tust. Sie erlaubt dir zu diversifizieren. Angstfrei zu experimentieren. Sie ermöglicht dir, weiter kreativ zu sein und neue Dinge in die Welt zu setzen. Manche davon werden besser sein als andere. Das ist normal. Denk nicht zu viel darüber nach. Mach einfach weiter!

Wine-Self-Talk-Text:
Kreatives Selbstvertrauen

Ich liebe Selbstvertrauen, und Selbstvertrauen liebt mich. Ich bin es wert.

Ich habe so viele originelle Ideen. Sie hängen an den Bäumen, reif und bereit, gepflückt zu werden.

Mein Leben ist stark. Ich bin zuversichtlich und kreativ. Ich ergreife Chancen, weil ich es kann.

Ich habe die Hand am Gashebel, bereit, in mein allerbestes Leben zu fahren!

Ich bin von meinem klugen, neuen Leben ganz begeistert. Hurra!

Ich entspanne meinen Geist. Wohin ich auch blicke, ich sehe Möglichkeiten für Kreativität.

Ideen kollidieren und überschneiden sich, brüten in meinem Geist neue Kreationen aus.

Selbstvertrauen. Tapferkeit. Mut. Die habe ich alle in meiner Gesäßtasche. Sie sind ich. Sie sind mein. Angetrieben von diesen fantastischen Wahrheiten mache ich immer weiter.

Meine Erwartungen und Standards sind perfekt. Ich bin ungeheuer zuversichtlich, und ich strahle.

Ich liebe es, Chancen zu ergreifen, und ich setze an jedem Tag des Jahres auf meine Kreativität.

Ich überprüfe regelmäßig meine Ziele, jede Entscheidung, die ich treffe. Ich frage mich:»Genieße ich das? Lässt es mich lebendig werden? Regt es meine Seele an?« Das erinnert mich daran, mir selbst treu zu bleiben und Spaß zu haben.

Ich bin zuversichtlich!

Mit Selbstliebe gewinne ich, gewinnst du, gewinnt jede/jeder, gewinnen wir alle.

Ich habe das verrückteste, lustigste und wildeste Leben voller Beifall, voller Schätze und Liebe verdient. Hurra! Hurra!

Ich locke überbordende Kreativität in mein Leben. An jeder Ecke kommt es zu Synchronizitäten. Geld, Magie, kreatives Selbstvertrauen und Großartigkeit. Das alles ist für mich da.

Ich bin dankbar für mein Leben und für meine Kreativität. Sie ist immer da.

Ich liebe meine Kreativität, ich liebe das Leben. Ich liebe meinen Einfallsreichtum und meinen Schöpfergeist.

Das Leben ist ein Geschenk, ein bunter Regenbogen. Ich schätze das alles. Danke, Leben. Danke an mich.

Ich komme an einem Spiegel vorbei und sehe darin mein lächelndes Spiegelbild. Ich sage: »Hallo, heiße Braut! Du bist kreativ!«

Ich bin DAS NEUE ICH! Ich liebe mein neues kreatives Selbst. Ich stehe jeden Tag strahlend auf und gleite auf einem Windhauch leicht durch die Zeit, ich schlafe friedlich ein.

Ich bin einfallsreich, und das stärkt mein Selbstvertrauen. Ich bin erfinderisch, und ich weiß, was ich will. Ich bin einfallsreich und schaffe es. Ich bin einfallsreich, ICH MACHE ES!

Alles ist gut. Wir sind alle eins. Wenn wir aus allen verschiedenen Kulturen unsere Seelen und Herzen verbinden, entsteht Innovation.

Ich bin zuversichtlich in Bezug auf meine Ziele, Träume und Wünsche. Ich weiß, dass meine Kreativität mich ihnen jeden Tag näher bringt.

Mit Selbstvertrauen und Ausdrucksstärke ziehe ich meine wunderbaren Träume schneller zu mir.

Kreativitätstipp:
Die richtigen Bedingungen schaffen

Eine Möglichkeit, neben deinem Wine Self-Talk leichteren Zugang zur Kreativität zu bekommen, besteht darin, in deinem Leben einfach Platz dafür zu schaffen. Denke darüber nach ... Platz für Kreativität freizuräumen.

Ja, Kreativität benötigt Raum. Sie braucht Raum, um sich auszudehnen und in verschiedene Bereiche deines

Gehirns und deines Lebens einzudringen, um neue Verknüpfungen herzustellen, die du zuvor nicht in Betracht
gezogen hast. Sie benötigt Platz in deinem Geist und
deiner Aufmerksamkeit. Sie benötigt Platz in deinem
Tageskalender.

Wir wollen uns einen Moment Zeit nehmen und auf dein
Leben blicken, um zu schauen, was in deinem Geist Platz
einnimmt. Was beschäftigt dich regelmäßig, quält dich
vielleicht sogar? Hast du ständig eine To-do-Liste, die
dir unentwegt durch den Kopf geht, als befändest du
dich in einem Hamsterrad? Stellst du fest, dass du häufig ärgerlich und gereizt bist, als wärst du gerade durch
ein Feld voller Brennnesseln gelaufen?

Manchmal nagen Kleinigkeiten den ganzen Tag an uns,
wie eine Raupe, die sich durch ein Blatt frisst. Ärger
kann zu Anspannung führen, und wir merken nicht einmal, dass wir dafür Energie aufwenden, weil sich das alles
im Hintergrund abspielt. Wie das laute Brummen eines
Ventilators, das du nur – mit Erleichterung – bemerkst,
wenn er abgeschaltet wird. Das Problem ist, dass die
Menschen dieses Geräusch hinnehmen. Zu viel, zu lange. Wir denken: »So ist halt das Leben.« Nein, das ist es
nicht. So muss es nicht sein. Schau dir deinen Termin-
kalender für die kommende Woche an und schaufele dir
Zeit für Kreativität frei. Schaffe die Voraussetzungen
dafür, dass Kreativität sich willkommen fühlt, und beobachte dann, welche fantastischen Dinge passieren!

Lektion 6

Glückliche Stunde in der Hängematte

Beim Ausruhen fließen jede Minute etwa 750 Milliliter Blut – so viel wie in einer ganzen Weinflasche – durch das Gehirn.
Aus »Breath«, James Nestor

Du chillst in der Hängematte. Ruhst dich aus. Deine Füße sind nach oben gestreckt, und du betrachtest deine sexy Zehen. Du atmest frei und tief. Erfrischendes Kokoswasser in der Hand. Die Sonne scheint. Ahhh! Das klingt so gut.

Dieser Tag wird kommen, richtig? Irgendwann. Denn wer hat jetzt schon Zeit, sich auszuruhen oder Urlaub zu machen? Ganz davon zu schweigen, dass man sich … warte mal … in seinem Alltagleben regelmäßig Zeit zum Ausruhen nimmt?

Ich meine, echt. Wer macht das schon?

Nun, es stellt sich heraus, dass einige der klügsten, kreativsten, talentiertesten und produktivsten Menschen der Welt genau das tun. Sie ruhen sich mit dem gleichen Maß an Vorsatz aus, wie sie arbeiten. Sie tragen sogar Pausen und Nickerchen in ihre Kalender-App ein!

Die meisten von uns denken, dass das Ausruhen etwas für den späten Feierabend ist. Oder nach einer schweren Woche.

Oder nach jahrzehntelanger Arbeit, im Ruhestand. Da weiß man, dass man es sich verdient hat.

So habe ich das Ausruhen immer betrachtet. Aber ich konnte mich nicht mehr irren. Worüber ich so lange Zeit nicht Bescheid wusste – an die dreißig Jahre lang –, das war die unglaubliche Magie des Ausruhens. Der schlichte Akt, sich eine kurze Auszeit von der Arbeit zu nehmen, macht dich produktiver, wenn du an die Arbeit zurückkehrst, als wenn du keine Pause gemacht hättest. Stell dir vor: Pausen fördern die Gesamtproduktivität. Hätte ich das nur schon vor dreißig Jahren gewusst ... es hätte sooooo viel besser laufen können!

Mein Leben vor dem Ausruhen

Vor nicht allzu langer Zeit zählte ich zu den Menschen, die sechzehn Stunden am Tag arbeiten. Nicht immer am Computer; ich schrieb vielleicht sechs bis acht Stunden, aber die übrigen acht bis zehn Stunden überlegte ich ständig, was ich als Nächstes schreiben sollte. Deshalb arbeitete ich gewissermaßen die ganze Zeit. Ohne Pause. Wenn ich zum Schwimmen ging, dachte ich an die Arbeit und an Geschichten und Schriftstellerdinge. Wenn ich kochte, dachte ich an die Arbeit. Wenn ich auf der Toilette oder unter der Dusche war, dachte ich an die Arbeit.

Klingt ein wenig unausgeglichen, nicht wahr?

Wann immer ich mich ausruhte, hatte ich ein schlechtes Gewissen. In jeder Minute, in der ich nicht aktiv nachdachte, an einem Projekt, einem Buch oder am Marketing arbeitete, hatte ich den Eindruck, ich käme nicht voran. Oder schlimmer noch ... als fiele ich zurück.

Aber dann, eines Tages, meldete sich in mir etwas zu Wort und sagte: »Das ist nicht die richtige Art zu leben.« So kann man Fülle nicht manifestieren. Mir wurde allmählich klar, dass ich auf einem gefährlichen Weg zum Burn-out war.

Was ich aber nicht wusste, das war, dass meine Intuition von der Wissenschaft untermauert wird. Das stimmt, die Wissenschaft des Ausruhens! Untersuchungen haben ergeben, dass man produktiver wird, wenn man dem Geist Auszeiten von der Arbeit gönnt. Man wird beruflich sogar erfolgreicher! Es stellt sich heraus, dass Ruhe und Arbeit Partner sind. Tatsächlich hatten in der Geschichte viele brillante Köpfe in Wissenschaft, Kunst und Mathematik in der Zeit, in der sie ausruhten und gekonnt dem Nichtstun frönten, enorme Erkenntnisse.

Ruhepausen für Kreativität

Es hat sich gezeigt, dass das Ausruhen ein entscheidender Teil der Ankurbelung deiner Kreativität ist. Wenn du ausruhst, bist du entspannter. Wenn du entspannter bist, bist du weniger gestresst. Stress trennt dich vom Leben, von Lösungen, von Chancen. Stress lässt dich sogar vergessen, richtig zu atmen. Du weißt schon: lange, tiefe Atemzüge.

Stress führt dazu, dass du dich auf die Details konzentrierst, was deine Fähigkeiten behindert, die einzelnen Punkte zusammenzufügen, um das große Bild zu sehen. Die Autorin Natalie Goldberg wendet diesen Gedanken auf die Zeit an und erklärt, dass Stress heißt, ein Leben zu führen, »... das in Minuten und Stunden unterteilt ist, anstatt in Jahreszeiten und die Phasen von Mond und Sonne«.

Was für eine fantastische Art, Leben und Zeit zu betrachten. Stell dir vor, wie viel weniger gestresst du wärst, wenn du dich auf Jahreszeiten und Mondphasen statt auf Stunden und Minuten konzentrieren würdest.

Natalie schreibt Ratgeber für Schriftsteller, aber ihre Ratschläge sind für jedermann nützlich, und einer meiner Favoriten ist, dass sie dir »die Erlaubnis erteilt, faul zu sein«.

Ich meine wirklich faul, etwa einfach dazuliegen und absolut nichts zu tun. Das ist in Wahrheit keine Zeitverschwendung. Wenn du nichts tust, macht sich dein Unterbewusstsein an die Arbeit. Du bist dir dessen nicht bewusst, deshalb heißt es Unterbewusstsein. Dinge beginnen unter der Oberfläche durchzusickern. Schließlich setzen sich die durchsickernden unterbewussten Gedanken ab, und magischerweise wird dir vieles klar. Diese Klarheit macht alles einfacher. Du triffst bessere Entscheidungen. Du bist überzeugter, was du als Nächstes zu tun hast. Sie ermöglicht dir, interessantere Verbindungen herzustellen, mehr kreative Lösungen hervorzubringen und allgemein mit mehr Kreativität aufzuwarten. Kurzum, Klarheit macht dich schlauer. Das heißt, das Ausruhen macht dich schlauer.

> Der Geist ist wie Wasser. Wenn es turbulent ist, kann man nur
> schwer sehen. Wenn es ruhig ist, wird alles klar.
> Prasad Mahes

Ausruhen beruhigt die Seele. Jahrelang dachte ich, dass man sich im Urlaub ausruht. Das Bild ist in meinem Gehirn fest verankert: ein Strand. Eine Margarita. Im Schatten einer Kokospalme faul in einer Hängematte liegen.

Tja, ich lebe nicht am Strand, aber dieses geistige Bild stellt eine Art von Ziel dar. Ich weiß jetzt, wie sich richtiges Ausruhen anfühlen sollte. Es sollte sich anfühlen wie ein kurzer Urlaub mitten am Tag. Deshalb schalte ich, wenn ich mir – jeden Tag – um 13 Uhr sage, dass ich jetzt ausruhen sollte, die Wellenmaschine für Insel-Geräuscheffekte ein, ich lege mich hin und schließe für zwanzig Minuten die Augen. Wahlweise mit einer Margarita! (Haha, das ist ein Scherz ... die würde mich für den Rest des Tages außer Gefecht setzen.)

Diese kleine Veränderung in meinem Arbeitsalltag hatte weitreichende Auswirkungen auf mein Leben. Wenn ich nach meinem tropischen Kurzurlaub aufstehe, bin ich voller Energie und Tatendrang!

Ich weiß, das klingt dekadent, nicht wahr?

Aber bedenke, dass die Wissenschaft es belegt. Es fühlt sich nicht einfach nur gut an, es ist gut! Während der Mußezeit schüttet das Gehirn Dopamin aus, diesen hervorragenden Neurotransmitter, der uns mit Wohlgefühl durchflutet. Das ist der Grund, weshalb sich das Ausruhen gut anfühlt. Aber der Grund, weshalb es sich so positiv auswirkt, ist, dass die Ruhezeit zudem die Aktivität in verschiedenen Regionen des Gehirns aktiviert ... was zu Verbindungen zwischen getrennten Arealen führt und damit deine Kreativität erhöht. Das ist, als würde man im Schlaf Geld verdienen – buchstäblich und im übertragenen Sinne! Beim Ausruhen wechselt dein Geist ins Ruhezustandsnetzwerk. Das ist der Bereich des Gehirns für Fantasie, Träumerei und Introspektion. Und er ist für Kreativität und Problemlösung wahnsinnig wichtig.

Der »Ruhe-Respawning-Effekt«

Wenn man für eine kurze Pause die Arbeit ruhen lässt, hat man das Gefühl, einen Neustart zu machen. Wie eine Figur in einem Videospiel, die mit hundertprozentiger Gesundheit neu startet. Das bedeutet verbesserte Kraft und mehr Energie! Die dir nicht nur ermöglichen, kreativer zu sein, sondern bei der Arbeit insgesamt besser abzuschneiden, selbst bei Tätigkeiten, die kein kreatives Denken voraussetzen.

Der auftrumpfende Superheld

Ausruhen ist ein kluger Schachzug, um dein Selbstvertrauen zu stärken. Deine Verwegenheit. Wie?

Nun, wenn du dir jeden Tag eine bestimmte Zeit zum Ausruhen festlegst, beginnst du eine gewaltige neue Energiequelle wahrzunehmen. Das heißt, du übernimmst die Kontrolle über deinen Tagesablauf. Du hast das Sagen. Es ist nämlich der Mangel an Kontrolle, der für uns am meisten Anspannung und Stress mit sich bringt. Oder schlimmer noch, Depressionen. Aber wenn du im Leben die Oberhand gewinnst, die Kontrolle über deinen Tagesablauf übernimmst und etwas so Unerhörtes tust, wie ein Nickerchen zu machen (oder was immer du auch tust, um herunterzukommen ... sei es ein paar Bälle zu werfen, ein Puzzle zu legen und so weiter), wird dir das die Verwegenheit eines mega-selbstsicheren Superhelden verleihen.

Meine bevorzugte Art des Ausruhens: Nickerchen

Als ich anfing, täglich ein Nickerchen zu halten, veränderte das meine Kreativität und mein Leben.

Schlaf ist für die geistige und körperliche Gesundheit und das magische Leben, über das ich ein Buch, *Pillow Self-Talk* (*Bettgeflüster für die Seele*), geschrieben habe, so unglaublich wichtig. Der Schlaf ist auch wegen seiner Rolle bei unserem kreativen Denken und der Informationsverarbeitung von höchster Bedeutung. Inzwischen stelle ich beim Einschlafen oder Aufwachen die verrücktesten Verbindungen her. Tatsächlich ist es ziemlich gespenstisch, wie regelmäßig es jetzt dazu kommt, als würde ich eine Art heiligen Wissens aus dem Äther kanalisieren, während ich schlafe, als wäre ich mit der Magie des Universums verbunden. (Expertentipp: Halte ein Notizbuch oder dein Smartphone bereit, um dir beim Aufwachen sofort, bevor du es vergisst, Notizen zu machen.)

Einige sehr kluge Menschen haben den Wert von Nickerchen erkannt. Größen wie Aristoteles, Thomas Edison, Margaret Thatcher und Winston Churchill. Winston nahm seine Nickerchen wirklich ernst. Er sagte: »Zwischen Mittagessen und Abendessen muss man schlafen, und zwar keine halben Sachen. Ziehen Sie Ihre Kleider aus, und legen Sie sich ins Bett – und denken Sie bloß nicht, dass Sie weniger Arbeit schaffen, wenn Sie am Tage schlafen. Das ist eine dumme Idee von Leuten ohne Vorstellungsvermögen. Sie werden sogar mehr bewerkstelligen! Sie haben zwei Tage in einem – na ja, zumindest anderthalb, da bin ich mir sicher. Als der Krieg ausbrach, musste ich während des Tages schlafen, weil das die einzige Möglichkeit war, meiner Verantwortung gerecht zu werden.«

Thomas Edison analysierte die Details eines Problems und legte sich dann zum Ausruhen hin. »Innerhalb von Minuten«, sagte er, »fiel mir aus dem Nichts die Lösung zu.«

Als ich von allen diesen fantastischen Sachen über das Ausruhen hörte, war ich inspiriert, es ernst zu nehmen. Ich meine, wenn berühmte Wissenschaftler, Technik-Giganten und Künstler aus aller Welt seit jeher nicht an ihre Schreibtische gekettet waren, warum sollte es bei mir der Fall sein?

Die Vielfalt des Ausruhens: So viele Wahlmöglichkeiten!

Aber Schlaf ist nicht die einzige Form des erfrischenden Ausruhens, die dir zur Verfügung steht. Erholung erfolgt auch in Form von passiven Freizeitbeschäftigungen, von Wandern, Zeit in der Natur verbringen, Hobbys, starker körperlicher Bewegung und anderen intensiven Formen der »Aktivitäten«. Vielleicht hältst du Ruhe und Sport nicht für das Gleiche, aber für dein Gehirn sind sie es. Wenn du die sportliche Betätigung genießt und wenn sie intensiv genug ist, gerätst du in den Flow, du schaltest ab – und dann wird es von deinem Gehirn als Ruhe betrachtet, was die Kreativität fördert.

Es ist klug, das Ausruhen zu einer deiner Superkräfte zu machen. Das ist strategisch. Und wenn du es in diesem Licht betrachtest, gehst du mit dem Ausruhen zielgerichtet um, das heißt, du nimmst es wirklich ernst. Und es zu planen, bedeutet, im Voraus die verschiedenen Optionen des Ausruhens zu kennen, sodass du es in deinen Tagesplan integrieren kannst.

Das ultimative Ausruhen: Urlaub

Jede fünfte Idee für ein Start-up
kommt Unternehmern im Urlaub.
Forbes.com

Sinn des Ausruhens ist, deinem Gehirn eine Pause von der aktiven und bewussten Arbeit oder dem Versuch, deine Probleme zu lösen, zu gönnen. Ob die Pause einen Spaziergang durch den Park bedeutet oder Klavierspielen oder ein Omelette zuzubereiten oder mit Lego zu spielen – wenn du den Geist strategisch von der Arbeit löst, bewirkt das für dich wahre Wunder.

Und dann gibt es die ultimative mentale Pause: Du kannst Urlaub machen.

Vielleicht bist du versucht, darüber zu lachen, weil du denkst, na ja, Urlaub ist offensichtlich dazu da, sich auszuruhen. Aber das Verrückte ist, dass so viele Menschen ihre Probleme – und ihre Arbeit – mit in den Urlaub nehmen. Das ist keine kluge Nutzung des Urlaubs. Es bedeutet keine wirkliche Erholung, wenn das Gehirn nicht aufhört, das zu tun, was es normalerweise tut.

Urlaube sind die ultimative Unterbrechung von Mustern. Urlaube verändern deinen Aufenthaltsort, deine Umgebung, den Tagesablauf, die Aktivitäten und natürlich auch die Gedanken. In Zeiten wie diesen, wenn du alles hinter dir lässt, was dir vertraut ist, können deine kreativen Erkenntnisse explodieren. Und das erklärt das Zitat von Forbes.com oben. Das ist eine erschütternde Statistik. Selbst wenn du nicht vorhast, eine Firma zu gründen, erfüllt sie dich mit dem Wunsch, Urlaub zu machen – sofort –, nur um zu sehen, welche beeindruckenden Ideen dir in den Sinn kommen könnten!

Es gibt eine Tugend in der Arbeit und eine Tugend in der Ruhe.
Alan Cohen

Lass uns mit dem Text beginnen, der zu mehr Ruhe ermuntert, was dir hilft, das kreativste und glücklichste Leben zu führen.

Wine-Self-Talk-Text:
Glückliche Stunde in der Hängematte

Ausruhen ist ein cleveres Werkzeug, und ich nutze das Ausruhen strategisch, um meine Kreativität zu steigern.

Ich sorge zuerst für mich selbst, damit ich auch für andere richtig sorgen kann. Urlaube, Nickerchen und Freizeit sind dafür perfekt.

Ich liebe die Macht, die ich in meiner Seele spüre, um mein magisches Leben zu entwerfen. Ich halte den Schlüssel meines Reichs der Selbstliebe und der Schöpferkraft in der Hand, um alles, was ich mir wünsche, zu erreichen.

Ich liebe ein gutes, ordentliches Nickerchen, weil ich davon erfrischt und putzmunter aufwache.

Ich gehe tänzelnden Schrittes und habe Musik in der Seele. Ich habe jeden meiner Träume verdient. Ich liebe mich.

Ich lade mein goldenes Licht wieder auf, damit ich für mich und andere hell leuchten kann.

Ich sorge für die Erbauung meines Herzens und Geistes. Das ist Größe.

Nachdem ich mir Zeit zum Spielen und Spaßhaben genommen habe, sind meine Augen fokussiert, meine Seele brennt. Ich bin bereit, alles zu tun.

Ich nutze die Ruhephasen, Nickerchen und den wunderbaren Schlaf, um meine Kreativität zu steigern. Das funktioniert immer!

Ich bin eine neue, strahlende, brillante Person. Ich schaue in meine leuchtenden Augen und sehe darin ein Universum der Möglichkeiten und reine Selbstliebe.

Ich bin ausgeruht! Ich bin voller Frieden! Ich bin kreativ!

Wenn ich meine Seele mit Taten der Selbstfürsorge nähre, fühle ich mich wunderbar und zufrieden, als würde ich in der Luft schweben.

Ich sage nein, wenn ich nein sagen will, und ich sage ja, wenn ich ja sagen will. Das ist ein machtvoller Akt der Selbstliebe.

Ich bin gelassen. Mein Herz ist voller Frieden, und ich mache wunderbare, entspannte Atemzüge.

Ich erhebe mich selbst, meine Ideen und meine Großartigkeit, wenn ich mir Zeit für mich nehme.

Ich verdiene es, mich auszuruhen. Du verdienst es, dich auszuruhen. Wir alle verdienen es, uns auszuruhen.

Ich bin glücklich. Ich genieße meine glückliche Zeit in der Hängematte, wo ich herunterkomme, mich ausstrecke und meine Kreativität in meinem Kopf brodelt.

Ich bin mit meinem magischen Selbst in Einklang, voll schöpferischem Bewusstsein, und ich nutze jederzeit meine angeborene Genialität.

Selbstliebe durchströmt mich im Überfluss. Ich bin reich an Ruhe. Ich bin reich an Selbstwertgefühl und Selbstfürsorge. Ich ziehe ein freudiges, kreatives Leben voller Reichtümer, Innovationen und Liebe an.

Taten der Selbstliebe sind meine Norm, mein Riesenhit, meine Spezialität. Ich spanne jederzeit zuversichtlich aus.

Ich glaube an mich, weil ich schaffe, was immer ich mir in meinen wunderbaren Kopf setze. Da sind Cleverness und ein sagenhaftes Leben.

Ein Zischen. Blitze. Donner. Ideen brodeln ständig in mir.

Ich liebe es, mir Zeit für mich zu nehmen. Ich weiß tief in meinem Herzen, dass ordentliche Ruhephasen und ein gelassener Geist, der voller Frieden ist, das beste Rezept für meine Kreativität sind.

Ich respektiere die Phasen des Lebens und die Wellen des täglichen Lebens. Ich ehre meine Visionen und pflanze Samen des begnadeten Einfallsreichtums. Ich dünge und wässere sie mit Ruhe und spielerischem Abschweifen. Und dann ernte ich die großen Belohnungen.

Ja. Ja! Ausruhen ist das Beste.

Kreativitätstipp: Plane deine Pausen!

Auch wenn das ständige Arbeiten dir ein falsches Gefühl der Produktivität vermitteln kann (das kenne ich aus persönlicher Erfahrung), kann es dir auf lange Sicht auch die Energie rauben. Und deinen schöpferischen Funken auslöschen!

Deshalb solltest du, wenn du zu den Menschen zählst, die auf Intensität aus sind, Wert darauf legen, geplante Ruhephasen einzulegen. Ich habe in meinem Kalender stehen, dass ich ein paar Mal pro Woche ein Nickerchen machen soll. Außerdem steht in meinem Kalender, dass ich jeden dritten Abend mit meiner Tochter UNO spielen will.

Manchmal musst du das Ausruhen in deinen Kalender eintragen, um dich daran zu erinnern. Daran ist nichts Falsches; denn ansonsten vergisst man es leicht. Mit der Zeit werden deine Ruhezeiten zu einem festen Termin, und du wirst dich auf diese besondere Auszeit freuen und lieben, was sie für dich und deine Kreativität bringt.

Lektion 7

Verliebe dich in deine reizvolle Intuition!

Wenn du loslässt, hast du zwei Hände frei.

Aus China

Dich mit deiner Intuition vertraut zu machen ist eine spektakuläre Möglichkeit, deine Kreativität zu verbessern. Aber wie macht man das? Es ist ganz einfach. Du beginnst mit deinem Geist. Du willst ihm sehr nahe kommen.

Stell dir vor, du hast ein romantisches Date mit deinem Unterbewusstsein. Ein imaginäres Candle-Light-Dinner, nur du und deine reizvolle Intuition. Leise Musik spielt im Hintergrund. Rotwein. Ihr teilt euch ein Schokoladensoufflé.

Du willst dich in deine reizvolle Intuition *verlieben*! Und ihr vertrauen. Und du nutzt sie für deine Kreativität.

Deshalb das Wichtigste zuerst: Lade deine Intuition zum Mitmachen ein, indem du sie zu einem Date ausführst. (Ja, das mache ich wirklich.) Später mehr über dieses spezielle Date. Lass uns zuerst darüber sprechen, weshalb das wichtig ist.

Wir alle besitzen erstaunliche intuitive Kräfte. Leider nutzen viele Menschen diese nicht. Wir haben so häufig einen

Drang, einen Impuls oder eine Neigung, etwas zu tun, aber wir ignorieren sie. Weil wir denken, sie seien bedeutungslos. Vor allem, wenn dieser Drang uns auffordert, etwas Unangenehmes zu tun und unbekannte Pfade zu beschreiten. Als Gewohnheitstiere fällt es uns leicht, unsere Intuition zu ignorieren, wenn sie uns rät, eine Chance zu ergreifen, selbst wenn es sich um etwas handelt, was sich zu verfolgen lohnt.

Diese Hinweise kommen aus deinem Unterbewusstsein, aber dann meldet sich der rationale Verstand und sagt: »Oh nein, das tust du nicht.« Vor allem, wenn die Idee unrealistisch erscheint, etwas ist, was man normalerweise nicht tut oder jenseits des eigenen Selbstwertgefühls liegt.

Aber unser Bauchgefühl ist wichtig. Ich liebe es, auf meine Intuition zu hören und zu schauen, wohin sie mich schöpferisch führt. Eine leichte Art, damit anzufangen, besteht darin, bei kleinen Projekten deiner Intuition Aufmerksamkeit zu schenken. Bei harmlosen Sachen. Bekommst du eine Ahnung, dass du eines dieser schönen Malbücher für Erwachsene kaufen solltest? Großartig, tu es! Dein Unterbewusstsein könnte dich zu etwas Wichtigerem drängen als zum Ausmalen.

Wenn du wissen willst, wohin der Weg führt, musst du ihm folgen. Für mich bedeutet das, auf mein Bauchgefühl zu hören, wenn es um das Schreiben von Geschichten geht. Wann immer ich den Drang verspüre, einen bestimmten Pfad einzuschlagen, folge ich ihm. Gewöhnlich ohne Vorstellung, wo ich am Ende lande. Als Autorin fühle ich mich dann eher wie die Leserin, weil ich nicht weiß, wohin die Sache steuert. Die Intuition führt mich kurvenreiche, verschlungene Wege entlang, die mein rationaler Verstand sich niemals ausdenken

würde. Das bedeutet nicht, dass ich nicht später Änderungen vornehmen kann, aber ich stelle stets seltsame Verknüpfungen her, wann immer ich auf meine Intuition höre.

Selbstverständlich ist Intuition für mehr als nur die schöpferische Arbeit nützlich. Sie ist eine großartige Hilfe beim Lösen von Problemen. Am Anfang kann es unheimlich sein, bis man aus Erfahrung lernt, dass es sicher ist, seiner Intuition zu vertrauen. Das ist der Grund, weshalb ich dir empfehle, deine Intuition auf kleinen, harmlosen Gebieten kennenzulernen. Etwa beim Dekorieren oder bei Kunstprojekten oder beim Kochen. Bei Dingen, bei denen das Schlimmste, was passieren kann, darin besteht, dass du lernst, wie man es am besten nicht macht.

Etwa wie damals, als mein Mann versuchte, übrig gebliebenes französisches Toastbrot für gegrillte Käsesandwiches zu nutzen. Es funktionierte nicht. Der schwammige, eierreiche Toast wurde nicht knusprig. Aber es war den Versuch wert und das Ergebnis immerhin essbar. Wenn gerade davon die Rede ist: Wusstest du, dass Eierlikör als Teigzutat für Arme Ritter geeignet ist? Oder dass Eierlikör mit einem Schuss Kaffee ein leckerer, nach Urlaub schmeckender Ersatz für Baileys ist? Diese beiden Innovationen waren harmlose, durch Intuition inspirierte Experimente, die tatsächlich funktionierten. Nun, es hat sich herausgestellt, dass sie nur für uns neu, der Welt oder zumindest Google aber bekannt waren. Das ist okay, nur sehr wenige Erfindungen sind in der Menschheitsgeschichte nicht schon einmal von jemandem ausprobiert worden!

Wenn du dich mit deiner Intuition anfreundest und lernst, ihr zu vertrauen, öffnet das für deine Kreativität eine ganz neue Welt. Wir erleben eine Form von Stress, wenn unsere Intuition uns rät, etwas zu tun, und wir sie ignorieren. Aber wenn wir die Intuition ernst nehmen, sind wir entspannter, weil wir uns authentischer und uns selbst treu fühlen. Und nichts kommt dem Frieden gleich, der dadurch entsteht, dass Herz und Verstand in Einklang sind, wenn es darum geht, Entscheidungen zu fällen. Außerdem stärkt dies dein Selbstvertrauen.

Das alles zu erleben ist ein starkes Gefühl. Aber wenn du deine Intuition ignorierst und ständig Nein zu ihr sagst, spannt sich dein Bauch an. Das ist kein angenehmes Gefühl. Es ist, als würdest du deine Seele mit einem Vorhängeschloss verschließen und den Schlüssel in einen Fluss werfen.

Als junge Frau hörte ich nicht immer auf meine Intuition. Es sei denn, sie riet mir, etwas *nicht* zu tun. Meine Mutter war wirklich gut darin, mich daran zu erinnern, nach »roten Flaggen« Ausschau zu halten. Beispielsweise, wenn ich beruflich Interviews machte. Oder eine Beziehung einging, dann konnte sie kreischen: »Kristen, da ist eine rote Flagge! Geh nicht mit ihm aus!«

Aber diese Lektionen basierten stets auf Angst und sollten mich vor Gefahren schützen. Wir sprachen nie über grüne Flaggen ... das Signal, weiterzumachen ... die Intuitionen, die man hat, um auf etwas zuzugehen. Etwa eine Chance in einer Sache zu ergreifen, die einem wichtig ist. Oder unsere Ziele und Träume zu verfolgen oder unsere Intuition zu nutzen, um unsere Kreativität zu steigern. Aber es gibt die nicht auf Angst basierende Intuition! Sie wartet, steht zur Verfügung, ist bereit, dir zu helfen.

Zurück zu unserem romantischen Date

Wie kannst du deine Intuition für die Verbesserung deiner Kreativität nutzen? Du führst deine Intuition, wie gesagt, zu einem Date aus, das ich dir gleich beschreiben werde. Und sobald du in dieser geistigen Verfassung dort ankommst, machst du deinen Wine Self-Talk. Der folgende Text ist dafür gedacht, dass du dich darauf freust, deine Intuition zu nutzen, und um deinen Geist und dein Herz zu öffnen und auf sie zu hören.

Der nächste wichtige Schritt besteht darin, dir Zeit zu nehmen, um auf deine Intuition zu hören. Das tust du mit Stille. Nimm dir mehrmals in der Woche zehn oder zwanzig Minuten Zeit und entspanne dich einfach, achte auf dein Bauchgefühl, wenn du über dein Leben allgemein nachdenkst. Oder über etwas Besonderes. Das kann alles sein ... die Ernährung, die Gesundheit, Finanzen, deine Arbeit oder selbst Banales, wie etwa, welche Netflix-Serie du dir als Nächstes beim Koma-Glotzen anschauen willst! Im Ernst, es muss nichts Lebensveränderndes sein, und Minischritte helfen, den Ball ins Rollen zu bringen und anzufangen, eine Gewohnheit zu etablieren.

Hier folgt, wie du das Date mit deiner Intuition abhältst:

Zuerst einmal schenkst du dir ein Glas Wein ein. Nimm ein paar Schlucke und warte, bis du spürst, wie sich das weiche, warme Gefühl des Weins in dir ausbreitet. Wenn du es spürst, stell dir vor – egal, welche Erkenntnisse du auch immer suchst –, dass du direkt mit deiner Intuition sprichst und sie nach der Sache, nach der du suchst, befragst:

Sollte ich _____ tun?

Was sollte ich _____ ?

Wo sollte ich _____ ?

Wie sollte ich _____ angehen?

Und so weiter.

Und dann achtest du genau auf den ersten Gedanken, der dir in den Sinn kommt.

Was immer dir einfällt, egal wie seltsam oder scheinbar zusammenhanglos es ist, schau es dir sehr genau an. Es könnte ein Wort, ein Satz oder ein Bild sein. Oder eine Erinnerung. Vielleicht ist es auch die klare, direkte Antwort, nach der du suchst. Manchmal ist der Gedanke, der dir in den Sinn kommt, aber nicht so offenkundig oder könnte irrelevant erscheinen. Was immer es ist, tue es nicht ab! Gehe stattdessen darauf ein, wohin es dich auch immer führt, als würdest du in einem Traum deinem Totemtier durch neblige Wälder folgen, bereit zu entdecken, was immer es dir zeigen will.

Lass die Gedanken in deinem Kopf uneingeschränkt herumschwirren.

Als Nächstes nimmst du wieder einen Schluck Wein. Du schließt die Augen und achtest auf das Gefühl in deinem Bauch. Konzentriere dich mehr auf die Emotionen als auf den Inhalt der Gedanken.

Fühlen sich die Empfindungen erweiternd, spielerisch und ermutigend an? Manchmal kommt die Erkenntnis als ein starkes Wissen daher. Ein andermal ist es ein sanfterer Anstoß, einer Sache nachzugehen und zu sehen, wohin sie führt.

Manchmal ist es ein Gefühl der Liebe. Oder der Wärme. Oder des Wohlbefindens.

Bisweilen könntest du ein Gefühl von Unbehagen verspüren. Oder Angst! Und ich meine nicht, wenn du wegen des Unbekannten nervös oder ängstlich bist, sondern Angst hast, weil du Bescheid weißt, dass du die Flucht ergreifen solltest!

Durch diesen Prozess habe ich die Gefühle meiner Intuition sehr gut kennengelernt. Es war etwas Übung notwendig, aber echt, es bedeutet lediglich, auf deine Emotionen zu achten. Sie vielleicht sogar zu benennen, nur um die Dinge sehr klar zu machen.

Wenn ich von einer Idee für ein Produkt oder für ein Buch begeistert bin, schlägt mein Magen Saltos. Ich sitze in einer Achterbahn (was ich liebe). Das Gefühl ist reizvoll und verlockend.

Das Gefühl zu wissen, ob etwas geschäftlich eine gute Idee ist oder nicht, kann sich auch in einem Gefühl der entspannten Ruhe äußern. Als eine bestimmte Firma beispielsweise mit einem Geschäftsvorschlag auf mich zukam, war ich anfangs interessiert. Aber mir wurde klar, dass mein Interesse mehr mit meinem Ego zu tun hatte als mit etwas anderem. Hätte ich diese Gelegenheit weiter verfolgt, hätten sich andere Türen geschlossen. Es gab jede Menge Dinge zu bedenken, und auf dem Papier war nicht klar, ob es klug wäre, die Sache weiter zu verfolgen oder nicht. Doch meine Intuition wusste es!

Der Deal war nichts für mich. Mein Mann und ich rechneten alle Möglichkeiten durch, um zu sehen, ob es finanziell sinnvoll war, aber Tabellen helfen nur bedingt weiter ... Es gibt immaterielle Dinge, die keinen Dollar wert sind, wie zum

Beispiel die Auswirkung auf Freiheit und Lebensstil. Meine Intuition brüllte mir zu, Nein zu sagen. Deshalb entschied ich mich gegen dieses Angebot. Und in dem Moment, als ich diesen Entschluss fasste, überkam mich eine Woge der Ruhe.

Der sofortige Beweis! Der Beweis, dass ich die richtige Entscheidung getroffen hatte. Ich schrieb eine E-Mail, in der ich das Angebot höflich ablehnte.

Im Nachhinein hätten wir gar nicht so viel herumrechnen müssen. Mein Bauchgefühl war alles, was ich brauchte, um Bescheid zu wissen. Die finanzielle Analyse beruhigte im Grunde nur meine praktische Seite. Das Lustige ist, dass mich diese Analyse total gestresst hat. Denn je länger es dauerte, bis die Entscheidung fiel, desto angepisster wurde meine Intuition, weil ich nicht auf sie hörte! Darüber musste ich kichern ... Sie kann wirklich angriffslustig sein! Nutze den folgenden Text, um das Beste aus deiner üppigen Intuition herauszuholen ...

Wine-Self-Talk-Text:
Verliebe dich in deine reizvolle Intuition!

Meine Intuition ist ein wichtiger Teil von mir, und ich höre auf sie.

Ich achte auf die Gefühle in meinem Körper, weil sie mich auf aufregende Pfade führen.

Ich mache Vergnügungsfahrten mit meiner Intuition, und sie erweitert meine Kreativität.

Ich lache die ganze Zeit, und das erfüllt meinen Körper mit überschäumendem Temperament.

Kreativität ist mein. Ich habe sie immer. Sie wirbelt immer in mir und durch mich, ungeachtet ihrer Form.

Ich liebe meine Intuition, und sie liebt mich.

Ich lasse meiner Intuition Zeit, Ruhe und Raum, zu mir zu sprechen. Ich höre auf ihr Flüstern. Ich lächle über ihr Brüllen.

Ich errichte mein eigenes Feuer in mir, und meine Intuition entzündet es. Ich bin fantastisch. Ich bin erstaunlich. Ich übersteige alles.

Wir sind eins, wir alle, immer eins. Miteinander verbunden. Unsere Herzen voller Liebe, Hand in Hand, wir helfen einander, erhellen einen Pfad rund um die Welt. Ich weiß das genau. Ich weiß es intuitiv.

Ich blicke mich an, schaue in mein Gesicht, meine Augen, bis in meine schöne Seele hinein. Darin habe ich einen Funken, ich sehe ihn. Der Funke ist bereit, sich zischend auszubreiten. Er versorgt den Rest meiner Tage mit Wissen, Intuition, Kraft und Zuversicht.

Ich glühe mit umwerfender Ausstrahlung.

Ich stelle mich dem Leben. Jeden Tag stelle ich mich ihm.

Ich komme vorbereitet, bereit, mit Intuition und Vertrauen begeistert loszugehen.

Mein Instinkt bringt jeden Tag aufs Neue erstaunliche Überraschungen hervor.

Ich bin interessant.

Ich vertraue meinen Gefühlen.

Meine Intuition ist lustig, schnell und cool. Sie ist wie ein sechster Sinn, hellseherisch, ein magisches Wissen.

Funken der Inspiration und Intuition entzünden in meinem Bauch ein Feuer. Die Flammen tosen, und meine Kreativität steigt sprunghaft an.

Ich bin wahnsinnig reich an Leben, Wohlstand, Liebe und magischem Leben. Meine Intuition ist ein spezieller Teil dieses großartigen Entwurfs.

Ich zeige mich dem Leben, Zuversicht umgibt mich mit glitzernden Schwaden wie ein magisches weißes Feuer.

Meine Intuition ist die Lösung.

Es ist immer mehr als genug für mich da, weil überall Fülle herrscht.

Kreativität regt sich in jedem Bereich meines Geistes.

Ich bin meiner Wünsche würdig. Wir alle sind unserer Wünsche würdig.

Ich liebe meine Intuition vorbehaltlos. Wir sind Kumpel. Wir sind füreinander da.

Kreativitätstipp: Bewege dich

Du brauchst nicht auszuflippen ... ich spreche nicht davon, dass du umziehen solltest. (Obwohl große Veränderungen wie diese massive Kreativitätszuwächse auslösen können!) Unser Geist besitzt eine unfassbare Zahl an Ideen und Erinnerungen, die einfach gespeichert sind, herumhängen und am Rand unseres Bewusstseins warten. Das Rezept für Genialität ist ganz einfach: Nutze diese Dinge und stelle Verknüpfungen zwischen ihnen her. Wenn du es diesen Dingen also erleichtern willst,

VERLIEBE DICH IN DEINE REIZVOLLE INTUITION!

sich zu begegnen, sich zu verbinden und zu treffen, dann musst du Dinge tun, die die Entstehung dieser Assoziationen unterstützen. Du musst dich in einen assoziativen Zustand versetzen.

Und eine der besten und einfachsten Methoden, das zu tun, besteht darin, einen Spaziergang zu machen. Genau: den Körper bewegen. Höre auf deinem Spaziergang kein Hörbuch oder Podcast, sondern bewege nur den Körper, und die Bewegung wird die Intuition und den kreativen Flow automatisch anregen. Wenn ich Spaziergänge mache, wird mein Geist völlig frei, als wäre etwas entriegelt worden. Die Bewegung meiner Beine und das Vorbeihuschen der Erde unter meinen Füßen sind hypnotisierend, und das öffnet in meinem Geist alle möglichen Türen und setzt Ideen frei.

> In dem Moment, in dem sich meine Beine zu bewegen beginnen, beginnen meine Gedanken zu fließen.
> Henry David Thoreau

Wenn du also das Gefühl hast, bei einem Problem oder einer Situation im Beruf, in deinem Betrieb, deinen Beziehungen, der Kunst oder einfach deinem Leben festzustecken, dann geh hinaus und bewege deine Beine.

Lektion 8

Deine Schatzkiste der Fantasie

Unsere kostbarsten Ressourcen – Kreativität,
Kommunikation, Einfallsreichtum und Neuerfindung –
sind in Wahrheit unbegrenzt.
David Grinspoon

Kreativität besteht im Grunde darin, einfach Verbindungen herzustellen, die man in seiner normalen, eng begrenzten Welt gewöhnlich nicht herstellt. Und man kann dies erleichtern, indem man mehr Dinge findet, die man verknüpfen kann. Beispielsweise mehr einzigartige Erfahrungen, zwischen denen man Verbindungen herstellen kann. Mehr Fähigkeiten, mehr Hobbys, mehr Leidenschaften, mehr Wissen, mehr Bücher, die man gelesen hat – im Grunde, die Dinge, die man lernt, wenn man in die Welt hinausgeht und neue Sachen ausprobiert. Ständig. Sie alle liefern dir mehr Material, mit dem du arbeiten kannst.

Nimm dir Zeit, gleich jetzt, und denke darüber nach, etwas, was du bereits tust, mit etwas, was du normalerweise nicht tust, zu verbinden. Soll das ein Scherz sein? Was meinst du damit, Kristen?

Lass uns als Beispiel das Kochen nehmen. Die meisten von uns kochen, richtig? Zumindest ab und zu? Jetzt schlage einen

anderen Weg ein, um eine ganz neue Erfahrung zu machen. Vielleicht kochst du etwas aus einem Kochbuch für exotische, neue Gerichte. Vielleicht heißt das, M&Ms in den Hüttenkäse zu tun. Oder Senf in Brownies. Womöglich heißt das, zusammen mit deinem Partner als Beikoch ein Gericht zuzubereiten, während im Hintergrund Musik läuft. Vielleicht heißt es, eine große Menge Schokoladenkekse zu backen und sie auf der Straße an alle Nachbarn zu verteilen, auch an die, die man noch gar nicht kennt.

Die Toast-Party

Hier ist ein weiterer Ansatz, um etwas ganz Neues mit Lebensmitteln zu machen: nämlich eine Themenparty ausrichten! Oder vielleicht eine Party mit nur einer, aber ganz unterschiedlich zubereiteten Art von Lebensmittel. Ich organisierte einmal eine Toast-Party. Nicht die Art, bei der die Gläser klirren; ich servierte tatsächlich Toast. Ich liebe Toast – er ist eines meiner Lieblingsnahrungsmittel –, deshalb dachte ich: »Warum nicht einmal eine Party mit allen möglichen Arten von Toast?« Ich verschickte Einladungskarten mit der Zeichnung eines Toasts. Das Lustige war, dass jeder dachte, Greg und ich würden eine großartige Ankündigung machen, und alle fragten in ihrer Antwort: »Worauf toasten wir?«

»Auf nichts. Es gibt nur Toast«, sagte ich. »Wirklich. Wir essen Toast. Und trinken dazu Wein.«

Allen hat es großen Spaß gemacht. Ich kaufte auf einem Bauernmarkt jede Menge frisches Sauerteigbrot. Dann toastete ich es und servierte es mit einer Auswahl an Beilagen und Aufstrichen: gesalzene Butter, Rote-Bete-Hummus, Wild-

blumenhonig, Schokoladencreme, Thunfischsalat, Guacamole, eingelegte rote Zwiebeln, Traubengelee, Erdnussbutter, Schokoladensplitter, Bananenscheiben und so weiter.

Also überleg dir mal, ob du nicht deine eigene ulkige Themenparty veranstalten möchtest. Nicht unbedingt eine Party mit Toast, aber mit etwas, was jeder mag, dem aber niemand eine Party widmet. Vielleicht geht es nicht um ein Nahrungsmittel, sondern um etwas Spaßiges oder eine außergewöhnliche Aktivität.

Wie folgende Idee, die ich auf dem Podcast von Tim Ferris hörte, als sein Gast Chris Sacca Folgendes erzählte: »Vokuhila-Perücken verändern alles. Neulich war ich auf einer Party, die Party anlässlich des 50. Geburtstags eines guten Freundes, und die eingeladenen Gäste waren eine bunte Mischung; einige waren seriöse Geschäftspartner, andere wirklich lustige Partygänger, ein paar Sportler, ein paar Künstler aus allen Gesellschaftsschichten und verschiedenen Kulturen. Ich brachte eine Tasche mit etwa 75 Vokuhila-Perücken mit, und ich machte die Tasche einfach auf und legte die Perücken auf eine Couch am Rande der Party.«

Er erzählte weiter, dass die Leute anfingen, sich die Perücken aufzusetzen, und dass alle eine wahnsinnig lustige Zeit hatten.

Funkelnde Edelsteine

Wenn du deine Erfahrungen und Fähigkeiten erweiterst, füllst du deine Schatzkiste der Fantasie mit weiteren funkelnden Edelsteinen, die deine Kreativität steigern. Das ergibt ab-

solut Sinn, denn weil du unterschiedlichere Dinge tust, hast du mehr Rohmaterial, das du nutzen kannst.

Suche nach Möglichkeiten, um täglich unterschiedliche Erfahrungen zu machen. Zum Beispiel beim Lebensmitteleinkauf. Das tust du sowieso, aber probiere verschiedene Geschäfte aus, selbst Feinkostläden, die vielleicht etwas weiter entfernt sind. Als ich in Michigan wohnte, fuhr ich sehr gern die dreißig Minuten, um zu einem der besten Bio-Läden in Ann Arbor oder Rochester zu gelangen. Oder du probierst, wenn du das nächste Mal Pizza essen gehst, ein anderes Restaurant aus. Vielleicht machst du fünf Tage lang eine Keto-Diät. Bedenke, wenn du deine Erfahrungen ausdehnst – egal worum es sich handelt –, vergrößerst du dein Wissensreservoir, von dem deine Kreativität zehrt.

Und tu einige Dinge, von denen du dir nie hast vorstellen können, sie gern zu tun, aber tu sie trotzdem, nur um dein Erlebnisreservoir zu vergrößern. Vielleicht ist es ein Museumsbesuch, auch wenn du Museen normalerweise langweilig findest. Oder du gehst zu einem Countrymusik-Festival oder in ein Symphoniekonzert, selbst wenn du ein eingefleischter Rockfan bist (oder umgekehrt).

Vielleicht nimmst du Reitstunden. Oder arbeitest ehrenamtlich im Tierheim.

Vielleicht liest du einfach einen Science-Fiction-Roman, obwohl du normalerweise auf Liebesgeschichten stehst. Vielleicht schaust du dir eine Liebeskomödie an, weil du das normalerweise nie tun würdest. Oder ein Hockey- oder Footballspiel, obwohl du nicht einmal die Regeln kennst. Vielleicht gehst du zum Bowling oder spielst Billard, auch wenn du das

seit Jahrzehnten nicht mehr gemacht hast. Das spielt keine Rolle. Es handelt sich um eine Lernerfahrung und einen neuen Edelstein in deiner Schatzkiste der Fantasie.

Oder probiere etwas Neues in Sachen Mode aus. Überlege, ob du High-Heels zu deiner ausgefransten Jeans-Short tragen willst oder Sandalen zu deinem Hosenanzug. Oder du trägst deine Haare zu einem seitlichen Pferdeschwanz gebunden wie Chrissy in *Herzbube mit zwei Damen*. Oder du machst etwas Verwegenes mit deinem Make-up! Was immer es ist, tu etwas ... irgendwas. Entscheidend ist, etwas Neues auszuprobieren!

Womöglich merkst du nicht sofort, wie einige neue Erfahrungen sich auf deine Kreativität auswirken oder wie sie dein Leben verbessern werden. Vielleicht führt es dazu, dass du neue Freunde kennenlernst, die deinen Horizont erweitern. Vielleicht führt dich eine schnelle Internetsuche zu einer dreistündigen Wikipedia-Recherche, und du entdeckst eine ganz neue Leidenschaft, von der du gar nicht wusstest, dass du sie besitzt. Oder vielleicht säst du einfach neue Erfahrungen in deinem Geist aus, die in der Zukunft aufblühen.

Häufig passiert es, dass du eines Tages etwas scheinbar Zusammenhangloses tust, und dieses Neue, das du kürzlich ausprobiert hast, rührt sich in deinem Hinterkopf, und dann stellst du plötzlich eine verrückte neue Verbindung her, und diese neue Verbindung führt dich in eine ganz neue Richtung, sei es, etwas Unbedeutendes, aber Interessantes oder etwas Lebensveränderndes.

Das Expertenspiel

Okay, jetzt weiß ich, dass du bereits davon überzeugt bist, dass alle diese neuen Erfahrungen deine Fantasie anregen können. Und du kannst es schon kaum mehr erwarten, eine Liste von Dingen zu erstellen, an denen du dich ausprobieren willst. Aber zuerst möchte ich dir noch einen Tipp geben. Es geht um das Expertenspiel.

Der Forschungspsychologe Robert Epstein erklärt: »Neue Ideen entstehen durch Querverbindungen zwischen alten Ideen.« Er behauptet, dass wir durch das sogenannte Expertenspiel profitieren können, indem wir versuchen, in kleinen Dosen etwas über ausgefallene Themen zu erfahren. Beim Expertenspiel suchst du dir ein paar Leute mit umfassenden Kenntnissen auf höchst unterschiedlichen Gebieten. Jede Person hält einen fünfminütigen Vortrag über etwas, was mit ihrem Fachgebiet zu tun hat. Nach Beendigung der Vorträge werden die Zuhörer aufgefordert, ein neues Produkt oder eine neue Dienstleistung vorzustellen, die zwei der in den Vorträgen erwähnten Themen miteinander kombiniert. Wenn die Experten beispielsweise über ausgefallene Themen wie Fledermaushäuser aus Holz, handgefertigte Schuhe und Bio-Hacking mit Stammzellen gesprochen hätten, würdest du versuchen, eine Möglichkeit zu finden, zwei dieser Themen zu etwas Nützlichem zu kombinieren.

Das mag verrückt erscheinen, aber Gruppen, die Epstein durch dieses Spiel geführt hat, ließen sich »verblüffende« Ideen einfallen, auf die sie ohne diese Kurzvorträge niemals gekommen wären. Und wie kannst du davon profitieren?

Wähle drei nicht zusammenhängende Themen aus und mach dich kundig. Epstein sagt: »Je interessanter und unterschiedlicher die Themen sind, desto interessanter sind die Verknüpfungen.« Also stürze dich nicht auf Dinge, über die du schon einiges weißt und an denen du interessiert bist oder auf die du schon immer neugierig warst. Wähle etwas völlig Zufälliges aus, das zu erkunden du noch nie in Erwägung gezogen hast. Wie sucht man etwas zufällig aus? Ganz einfach, gib in deinen Webbrowser ein:

https://de.wikipedia.org/wiki/Spezial:Zufällige_Seite.

Der Link wird dich zu einem zufälligen Wikipedia-Artikel führen. Probiere es aus, es macht Spaß! Mach es ein paar Mal, um deine Themenliste zu erstellen.

Oder sind Videos eher dein Ding? Unter folgendem Link kannst du dir zufällige YouTube-Videos anzeigen lassen:

https://random-ize.com/random-youtube

Oder du bittest einen Freund oder ein Familienmitglied, dir ein paar zufällige Themen zu nennen, und du schaust dir dann Videos darüber an. Kurze Videos von fünf bis zehn Minuten Dauer reichen aus. Nachdem du dir die Videos angesehen hast, versuchst du, dir eine Möglichkeit einfallen zu lassen, um zwei der Themen miteinander zu kombinieren. Es könnte eine Erfindung sein, egal wie untauglich sie erscheinen mag. Sie kann sogar völlig absurd sein ... das ist in Ordnung. Entscheidend ist, dass das Ding ja nicht wirklich hergestellt werden muss, sondern deinem Gehirn die Chance gegeben wird zu üben, Dinge in neuer Weise miteinander zu kombinieren. Um den Ball ins Rollen zu bringen, fange ich manchmal mit einer Frage an, etwa. »Wäre es nicht cool, wenn jemand ein Ding erfinden würde, das ____ und ____ kann? Oder du kannst in Erwägung ziehen, zwei der Themen in einer Kurzgeschichte zu kombinieren. Was für eine großartige Art und Weise, dem Geschichtenerzählen Originalität einzuflößen! Es ist aber ebenso in Ordnung, wenn dir nichts Interessantes einfällt. Du trainierst deinen Kreativitätsmuskel dennoch enorm, wenn du diese Übung machst!

Wine-Self-Talk-Text:
Deine Schatzkiste der Fantasie

Ich stärke meinen Fantasiemuskel, ich halte nach Mustern Ausschau, ich stelle Verbindungen her.

Es macht so viel Spaß, mit meiner Fantasie zu spielen und zu schauen, wie weit ich sie führen kann.

Ich lebe das fantastischste Leben, und ich bin voller Dankbarkeit.

Ich nehme mir Zeit, um mehr zu lernen, mehr zu kosten, mehr auszuprobieren und mehr zu erleben.

Ich packe die Inspiration bei der Hand. Ich stecke sie mir in die Tasche, und sie ist immer da, wenn ich sie brauche. Die Dinge fügen sich immer für mich.

Ich bin unter dem großen, weiten Himmel entspannt. Er ist blau, und die Sonnenstrahlen dringen in mich ein. Ich bin aufgeladen. Ich bin mit so vielen einfallsreichen Ideen erfüllt, dass ich rennen, springen, tanzen und Räder schlagen will.

Meine Schatzkiste der Fantasie ist angefüllt mit allen Arten der Cleverness, von unkonventionellen Ideen über geniale und unternehmerische Ideen bis hin zu außergewöhnlichen Ideen. Ich kombiniere sie nach Lust und Laune und lasse mir immer größere Gedanken einfallen.

Ich bin eine Visionärin/ein Visionär.

Ich koste das Geheimnisvolle. Ich mag seinen Geschmack. Meine Vorstellungskraft ist voll regenbogenfarbenem Leben.

Ich liebe es, neue Dinge auszuprobieren und mir neue Fähigkeiten anzueignen. Das verleiht mir mehr Mahlgut für meine Fantasiemühle.

Mein Herz und meine Seele sind erhaben. Ich bin von cooler, klarer Ruhe erfüllt – wie die Luft nach dem Regen.

Ich werde von allem beflügelt. Vom Mond, von den Blumen, den Vögeln, den Bienen, meinen Nachbarn, der Pizza und dem Verkehr! Ich nutze freudig meine Fantasie, um in all dem Inspiration zu finden!

Wohin ich auch schaue, sehe ich neue Verbindungen.

Meine Fantasie dehnt sich jeden Tag weiter aus. Sie wächst, als wäre Feenstaub darüber gestreut, sodass sie von schimmerndem Gold überzogen ist.

Ich bin für meine enorme Fantasie dankbar. Sie ist mit Juwelen aller Art angefüllt.

Ich bin Liebe. Ich bin Liebe. Liebe erfüllt meine Fantasie.

Mein Gehirn ist stark. Ich liebe es zu lernen. Ich liebe es, meine Gedanken in neue Bereiche auszudehnen, in denen ich noch nie zuvor war. Das ist elektrifizierend. Es ist beglückend.

Wir alle können unsere mächtige Fantasie nutzen, um auf Ideen zu kommen, die die Welt zu einem noch herrlicheren Ort machen.

Wohin ich auch blicke, sehe ich etwas, das meine Fantasie anregt.

Ich bin voller erfolgreicher Ideen. Es sind so viele!

Ich bin bereit für Kreativität. Ich bin stolz und begeistert.

Ich befinde mich am Rand von etwas Wunderbarem und Gewaltigem. Ich lebe das allerbeste Leben. Ja! Ja! Ja!

Ich bin glücklich. Ich bin dankbar dafür, dass ich mir Zeit nehme, um meine Fantasie aufblühen zu lassen. Das macht mein Leben so unglaublich unterhaltsam.

Ich habe es verdient, das beste Leben zu führen. Ein Leben voller Kraft, Abenteuer, Glück und Ruhm.

Ich liebe es, eine so kosmisch gewaltige Fantasie zu haben. Danke, Fantasie. Danke an mich.

Kreativitätstipp: Verändere deine Umgebung

Eine wirklich großartige Möglichkeit, um zu mehr Ideen und Kreativität anzuregen, besteht darin, einfach deine Umgebung zu verändern. Das kann heißen, statt zu Hause in einem Café zu arbeiten. Das kann darin bestehen, einen anderen Arbeitsort zu finden. Falls nichts davon möglich ist, glaubst du, dass deine Kreativität durch Umorganisation deines Schreibtischs angeregt werden könnte? Teste einen neuen Schreibtischstuhl oder stelle eine Pflanze oder eine Kerze auf oder verändere die Ausrichtung deines Schreibtischs. Das alles durchbricht die Muster in deinem Gehirn, führt dich von den ausgetretenen mentalen Pfaden weg und kann zu Einsichten und neuen Sichtweisen auf alte Probleme anregen.

Lektion 9

Umarme deine Gegner

Ich habe nie durch den Prozess des rationalen Denkens
eine meiner Entdeckungen gemacht.
Albert Einstein

Hast du dich je dabei ertappt, dass du nur Bücher, Blogs oder
Nachrichtenmedien liest, die deine eigene Meinung vertre-
ten? Hier hebe ich die Hand. So war ich vor zehn Jahren, als
ich überzeugte Veganerin war. Und damit habe ich meine
Familie beinahe um den Verstand gebracht. Okay, ich über-
treibe. Möglicherweise.

Damals dachte ich, ich würde das Richtige tun. Machen wir
das nicht alle? Ich war komplett auf dem Veganer-Trip, ich
folgte Experten und las ein Buch nach dem anderen. Ob ich
irgendwelche gegensätzlichen Informationen konsumierte?
Nein, das wollte ich nicht hören. Ich wollte sie nicht einmal
in Erwägung ziehen. Was mich betraf, so sagten die Experten
und Wissenschaftler, die ich las, die Wahrheit, und die anderen waren fehlgeleitet oder schlimmer noch, durch Interes-
senkonflikte korrumpiert.

Das Ergebnis meiner einseitigen Analyse? Die Gesundheit meiner Familie litt aufgrund meiner kognitiven Voreingenommenheit. Vor allem wegen des sogenannten »Bestätigungsfehlers«.

Ein Bestätigungsfehler liegt vor, wenn Menschen ihre eigene Realitätsblase schaffen, indem sie Informationen ausfiltern, die nicht mit ihren Überzeugungen übereinstimmen. Mit anderen Worten: Wir neigen dazu, Dinge, die nicht zu unserem Modell der Realität passen, zu ignorieren oder abzutun, und das geht so weit, dass wir eine Abwehrhaltung einnehmen und auf stur schalten. Wir alle tun das in unterschiedlichem Ausmaß. Das ist normal. Aber manche Leute tun es mehr als andere, insbesondere bei speziellen Themen. Das sind heilige Kühe, an deren Widerlegung wir nicht wirklich interessiert sind. Es stellt sich heraus, dass unsere heiligen Kühe – Dinge, an die wir mit absoluter Gewissheit glauben – die Dinge sind, die wir in regelmäßigen Abständen überdenken sollten, um zu sehen, ob sie wirklich noch Sinn ergeben.

Dieser Denkfehler, nämlich zu glauben, dass alles eine Gewissheit hat, kann deine Rationalität beeinträchtigen und dich veranlassen, schlechte Entscheidungen zu treffen. Was die Ziele dieses Buches anbelangt: Dieser Denkfehler nimmt deine Kreativität in den Würgegriff.

Er hemmt deinen Einfallsreichtum, wenn wir uns nie mit gegensätzlichen Meinungen, anderen Ansichten, Erfahrungen, Gedanken, Ideen und Überzeugungen auseinandersetzen. Wenn wir unsere Informationen nur aus einer Quelle beziehen, lernen wir andere Sichtweisen erst gar nicht kennen. Wir lassen alles, wie es ist, haben keine neuen Konzepte oder Verbindungen. Kein abenteuerliches Leben.

Mein eigener Bestätigungsfehler bestimmte meine Recherche über die vegane Lebensweise. Und jedes Mal, wenn ich etwas las, was alles, woran ich glaubte, unterstützte, dachte ich mir: Siehst du? Siehst du? Da ist der Beweis! Denn ich wollte an eine hundertprozentig auf Pflanzen basierte Ernährung glauben, weil ich Tiere so unglaublich gern mag. Ich war nassforsch und eingebildet und schaute auf Leute herab, die es einfach »nicht kapierten«.

Nun, ich war die Angeschmierte, als ich schließlich zu Kreuze kriechen musste. Es stellte sich heraus, dass meine Familie unter der pflanzenbasierten Ernährung litt, obwohl diese gut geplant, gründlich recherchiert und mit Nahrungsergänzungsmitteln im Wert von mehreren tausend Dollar angereichert war. Ich erinnere mich noch an den Tag, an dem meine Tochter – damals ein Kleinkind – Probleme mit dem Laufen bekam. Als liebevolle Mutter hatte ich wahnsinnige Angst und suchte krampfhaft nach einer Lösung, ich war verzweifelt und bereit, alles auszuprobieren. Sogar Dinge, die ich zuvor niemals in Erwägung gezogen hätte. Zum Glück löste die Zugabe von tierischen Produkten in ihre Ernährung das Problem sofort.

Wenn ich mir Fotos von ihr von zuvor anschaue, erkenne ich jetzt mit der Klarheit des Rückblicks, dass es ihr nicht gut ging. Sie sah mager und mangelernährt aus, aber damals konnte ich das nicht sehen, so groß war meine Blindheit durch meine kognitive Voreingenommenheit. Ich bin erleichtert, dass ich das Steuer rechtzeitig herumgerissen und dauerhafte Entwicklungsprobleme vermieden habe. Aber verdammt ... Die Schuldgefühle haben mich jahrelang geplagt. Ich schwor, dass mir nie wieder aufgrund meiner Vorurteile solche Fehler unterlaufen würden.

Infolgedessen habe ich es mir jetzt zu meinem Standardverfahren gemacht, Standpunkte in Erwägung zu ziehen, die meinen eigenen widersprechen, und zwar unvoreingenommen.

Irgendwo habe ich einmal gelesen, dass der Geist wie ein Fallschirm ist: Wenn du überleben willst, muss er *offen* sein!

Nach dieser Lektion habe ich eine offene Neugier gepflegt, und das hat meinen Geist tatsächlich geöffnet, auch abwegige Möglichkeiten in Erwägung zu ziehen, Dinge, die die meisten Leute sofort abtun würden. Wie zum Beispiel, im Ausland zu leben. Oder die doppelte Staatsbürgerschaft der USA und Italiens zu beantragen. Einmal experimentierte ich sogar damit, strikt die Carnivore-Diät einzuhalten (nur Fleisch zu essen). Aber im Gegensatz zu meiner veganen Phase, tat ich es mit offenem Geist, und dieses Mal brüllte ich nicht durch ein Megafon und erklärte allen Leuten, dies sei die einzig richtige Lebensweise.

Wir alle haben kognitive Verzerrungen, selbst die Psychologen, die ihr Leben damit verbracht haben, diese zu studieren. Was kognitive Verzerrungen für uns andere so heimtückisch macht, ist, dass sie zumeist unterbewusst sind, sodass wir gar nichts anderes kennen. Das heißt, bis wir gebrannte Leute sind – und davor will ich dich bewahren.

Es gibt eine andere Möglichkeit. Zwar mögen wir alle einige kognitive Verzerrungen haben, aber wir können ihre Auswirkung ein wenig dämpfen, indem wir für uns ein paar Faustregeln aufstellen. So ist es zum Beispiel vor einer großen, aufregenden Entscheidung eine gute Idee, nur um sicherzugehen, dass wir uns nichts vormachen, Alternativen in Erwägung zu ziehen oder Dinge aufzulisten, die schiefgehen könnten. Wenn du danach noch immer ein gutes Gefühl hast und weitermachen willst, großartig ... Dann gehst du jetzt mit weit geöffneten Augen voran. Und hast vielleicht einen besseren Plan, weil du die Dinge gründlicher durchdacht hast.

Eine weitere Faustregel, um zu vermeiden, dass du dir etwas vormachst, ist das, was ich das »Umarmen deiner Gegner« nenne.

Andere Meinungen abwägen

Um zu verhindern, dass diese kognitiven Verzerrungen deine Gedanken beherrschen, solltest du dich immer fragen: Was sagen andere Leute dazu? Und frage dich das nicht nur selbst, suche die Antworten! Schlag es nach! Selbst wenn die Antworten, die du bekommst, sich am Ende als Verrücktheiten herausstellen, dann weißt du zumindest, was die andere Seite behauptet. Und wenn ich mich wirklich in etwas einarbeite, dann finde ich meiner Erfahrung nach gewöhnlich eine Meinung, die mich sagen lässt: Huch, daran habe ich gar nicht gedacht! Das bedeutet nicht immer, dass ich meine Meinung ändere, aber es macht mich klüger, wie ich weiter verfahren soll.

Ich nenne diesen Prozess der Abwägung anderer Meinungen »meine Gegner umarmen«. Das heißt, sich anzuhören, was die andere Seite zu sagen hat.

Ein Kennzeichen des aufgeklärten Denkens ist, wie du siehst, die Fähigkeit, deine Überzeugungen vorübergehend aufzugeben und die Sichtweise der Gegenseite anzunehmen, des Teufels Advokat zu spielen und die Stellung der Gegenseite zu beziehen.

Keine Sorge, sobald du diese Übung gemacht hast, kannst du zu deinem alten Standpunkt zurückkehren.

Aber wenn du den Standpunkt der anderen Person nicht beschreiben kannst – mit Worten, die, wie sie zustimmen wür-

de, das Wesentliche ihrer Ansicht wiedergibt –, dann hast du sie nicht wirklich verstanden. Du musst eine Position zuerst verstehen, erst dann kannst du sie abwägen. Wenn du etwas beurteilst, bevor du es verstanden hast, verschwendest du nicht nur Zeit, du wirst manchmal falsch liegen.

Weißt du, wer deine Gegner nicht umarmen will? Dein EGO! Warum? Weil dein Ego nicht gern falsch liegt. Das ist zumindest bei einem schwachen Ego der Fall. Starke Egos finden es gern heraus, wenn sie sich irren, weil sie darin eine Chance sehen, klüger zu werden.

Aus dem gleichen Grund haben schlechte Staatsführer in der gesamten Geschichte gesagt:»Das ist der Plan, setzt ihn um.« Während starke Führer sagen:»Hier ist ein Plan. Hat jemand eine bessere Idee? Falls nicht, nennt mir alle Möglichkeiten, wie er scheitern kann und wie wir das zu verhindern wissen.«

Welchem dieser beiden Ansätze, welchem Generalstabsplan würdest du lieber in die Schlacht folgen? Es gibt eine großartige Faustregel fürs Leben: *Die Hälfte dessen, was ich weiß, ist falsch. Ich weiß nur nicht, welche Hälfte.*

Okay, vielleicht ist es nicht die Hälfte, aber niemand liegt bei allem richtig, und dieser lustige kleine Spruch wird dich immer auf Trab halten! Es geht darum, bescheiden zu bleiben, was in Wahrheit heißt, lernfähig zu bleiben.

Denn in dem Augenblick, in dem du aufhörst, lernfähig zu sein, hörst du auf zu lernen. Und das ist der Tod der Kreativität. Und das Ende der Weiterentwicklung als Mensch.

In der Politik geschieht jede Menge uncooler Dinge, aber eines der absolut bizarrsten Dinge, die wir als Spezies, die gern überleben möchte, jemals getan haben, war, jemanden, der seine Meinung ändert, als »Wendehals« zu verunglimpfen. Ich meine, welcher Wahnsinnige ist der Meinung, dass die Leute niemals ihre Überzeugungen ändern sollten? Gewiss, es gibt eine Zeit für Beständigkeit – vielleicht die meiste Zeit –, aber nicht angesichts neuer Informationen.

Als jemand den Wirtschaftswissenschaftler Paul Samuelson nach einer Änderung seiner Ansichten fragte, antwortete er mit dem berühmten Satz: »Wenn sich die Fakten ändern, ändere ich meine Meinung. Was machen Sie, Sir?«

Und nicht nur, wenn sich die Fakten ändern. Man sollte in regelmäßigen Abständen seine Meinung über einige Dinge ändern, einfach weil man öfter darüber nachdenkt. Oder weil sich die Prioritäten ändern. Oder weil man sich als Mensch weiterentwickelt und an Erfahrung dazugewinnt. Das ist nicht etwa Wankelmütigkeit; das nennt man schlicht: älter und weiser werden.

Also öffne deinen Geist für neue Ideen, indem du einschränkende Mauern einreißt, und beginne damit, indem du deine Gegner umarmst! Erweitere deine Perspektive, um zumindest andere Standpunkte zu verstehen, auch wenn du ihnen nicht zustimmst. Erkunde dieses Gebiet. Schritte wie diese trainieren das Gehirn, weniger anfällig für unsere kognitiven Verzerrungen zu sein. Oder zumindest zu wissen, wann sie unser Urteilsvermögen einschränken.

Lass uns darüber sprechen, wie dies dazu beiträgt, dein Leben magisch werden zu lassen. Die eigenen Vorurteile und die anderer Menschen zu kennen, ist eine fantastische Möglichkeit, kreativer zu werden! Wenn man andere Sichtweisen in sein

Leben lässt, selbst wenn man wie ein Hund nur kurz daran schnuppert, lässt man neue Daten in seinen Kopf, und diese können für neue Verknüpfungen sorgen. Für neue Ideen. Für mehr Optionen, aus denen man auswählen kann. Für mehr mögliche Lösungen, was gewöhnlich bessere Lösungen bedeutet. Sogar für neue Erfindungen! Bessere Produkte! Bessere Kunst! Geistesblitze, die dein kreatives Plateau durchbrechen!

Ich trage diese Einstellung der Erwägung gegensätzlicher Ideen überall mit mir herum. Ob es sich um Politik oder Ernährung oder kulturelle Unterschiede oder was auch immer handelt. Ich glaube, ich kann von allen lernen, zumindest ein bisschen. Jeder ist ein Experte auf einem Gebiet, von dem ich gar nichts weiß. Ich stelle den Menschen Fragen und lasse ihnen Zeit, sich auszudrücken. Ich halte mein Herz für Menschen offen, die anders denken als ich, weil ich nie weiß, welche Verbindungen das in der Folge in meinem Gehirn auslösen kann. Ich frage aktiv nach und höre in der Absicht offen zu, etwas Neues zu erfahren. Nicht um eine Bestätigung dessen, was ich bereits denke, zu erhalten.

Als Schriftstellerin ist das für das Geschichtenerzählen immens hilfreich! Als Unternehmerin ist es megaschlau, mit neuen Produkten, Dienstleistungen oder ganzen Geschäftszweigen aufzuwarten. Tatsächlich kam mir die Idee für eines meiner sich am besten verkaufenden Bücher direkt nach einem negativen Feedback einer Leserin! Die Frau gab dem *Coffee Self-Talk* nur einen Stern, weil sie erwartet hatte, dass es sich um Texte jeweils für einen bestimmten Tag handeln würde. Und was habe ich getan? Ich brachte *The Coffee Self-Talk Daily Reader* heraus. Er wurde zum Verkaufsschlager! Offenbar wünschte sich jede Menge anderer Leser so etwas auch. Es wäre von mir als Geschäftsfrau dumm gewesen, ein so wichtiges Feedback zu ignorieren.

Aber neben diesen praktischen Vorteilen – Betrieb, Marketing und so weiter – hilft es mir als Mensch, meine Seele für die Ideen und Meinungen anderer Leute zu öffnen. Wenn jeder das tatsächlich in diesem Augenblick täte, und sei es nur ein bisschen, dann wäre die Welt wohl innerhalb von fünfzehn Minuten um fünfzig Prozent besser. Nicht schlecht, was?

Wenn du anfängst, deinen Geist so zu öffnen, sei nicht erstaunt, wenn du mit einer großartigen Idee daherkommst, die zwei gegensätzliche Standpunkte überbrückt. Kreativität bedeutet, neue Verbindungen herzustellen, und eine der besten Möglichkeiten, um mehr Gelegenheiten dazu zu haben, besteht darin, nicht nur deinen Datenpool zu vergrößern, sondern vor allem deinen Datenpool von Dingen, die da draußen existieren und dringend miteinander verbunden werden müssen! Deshalb geh auf Menschen mit gegensätzlichen Standpunkten zu und stelle ihnen ehrliche Fragen, um zu erfahren, was sie denken und warum. Das heißt nicht, dass du deine Position verändern musst, aber man weiß nie, was passieren könnte. Vielleicht wird deine Schöpferkraft entfacht oder es keimt Verständnis auf.

Wine-Self-Talk-Text:
Umarme deine Gegner

Ich habe einen offenen Geist, weil mich ein offener Geist kreativer macht.

Mir fallen alle möglichen coolen Ideen ein, wenn ich viele Standpunkte in Erwägung ziehe.

Ich bin brillant, und ich lerne gern dazu. Das heißt, nach meinem Notizbuch und dem Stift zu greifen und mich kopfüber ins Leben zu stürzen. Ich erkunde jedes Terrain des Denkens, sowohl die meinen als auch die der anderen.

Meine Fähigkeit, mich unter allen Umständen zu entspannen, ist eine meiner Superkräfte.

Meine Bedürfnisse werden immer erfüllt.

Ich bin kompetent. Ich bin sicher. Ich bin FANTASTISCH!

Mir fallen Ideen in den Schoß, weil ich für alles offen und neugierig bleibe.

Mein blendendes Selbstvertrauen ist verblüffend.

Ich lächle strahlend und mit Leichtigkeit.

Ich liebe es, einen offenen Geist zu bewahren.

Das verbessert mein Leben in jeder erdenklichen Hinsicht.

Ich werde von der Elektrizität der Kreativität angetrieben.

Ich gedeihe in einem Meer von Ideen.

Individualität ist besonders wichtig. Dennoch sind wir alle miteinander verbunden. Wir sind alle eins.

Ich dränge voran ins Unbekannte, Neugier und Begeisterung leuchten mir den Weg.

Ich liebe mein magisches Leben so sehr. Ich möchte auf meinem Bett herumhüpfen. Ein kreatives Leben zu führen ist fantastisch! Ich möchte Räder schlagen, stepptanzen und fliegen.

Ich ehre mich selbst und meine Ideen. Außerdem gebe ich anderen den Raum, um ihre Gedanken zu äußern, und ich lerne daraus. Das macht mein Leben noch umwerfender und inspirierender.

Ich entdecke ständig andere Wege, Dinge zu tun. Weil mein Geist offen ist. Meine Spezialität ist, Probleme von verschiedenen Seiten anzugehen. Ich schiebe mich seitwärts heran, und brillante Ideen sprudeln aus mir heraus.

Ich bin dankbar dafür, dass ich einen offenen Geist habe. Er befeuert mein frisches und innovatives Denken. Das ist die einzige Möglichkeit, in Gang zu kommen.

Ich bin dem Rausch der Unsicherheit verfallen. Ich habe den Mut, Gewissheiten loszulassen.

Ich bin überbordend vor Liebe und bringe meinem Körper Zuneigung und Wertschätzung entgegen.

Weil mein Geist offen ist, fallen mir ständig originelle Ideen ein. Wie ein Blitzschlag. Bam!

Wann immer ich etwas höre, was nicht richtig klingt, versuche ich, die Dinge aus der Sicht der anderen Person zu sehen, und frage mich, wie sie wohl zu dieser Überzeugung gekommen ist.

Ich liebe es, die Ohren offen zu halten, um zu hören, und die Augen weit offen zu halten, um zu sehen. Ich nutze meinen Mund, um Fragen zu stellen. Ich nutze mein Herz, um frei zu sein.

Ich erfinde. Ich erschaffe. Ich beschäftige mich mit widersprüchlichen Ideen. Unsicherheit macht mir nichts aus. Ich experimentiere. Ich entwickle mich. Ich ergreife Chancen. Ich sprenge Grenzen. Ich lerne ständig dazu.

Meine aufgeschlossene Kreativität durchdringt das Alltägliche, und ich entdecke das erleuchtete Wunderbare. Wow, das Leben ist so unglaublich!

Kreativitätstipp:
Trainiere, Muster zu erkennen

Du kannst deine Kreativität fördern, indem du deine Aufmerksamkeit auf Muster lenkst in dem, was du beobachtest. Wenn du zum Beispiel viele Filme siehst, erkennst du vielleicht, dass die meisten Filme sich auf gewisse Elemente und Strukturen, Motive und Sprachbilder stützen. Zum Beispiel »Junge trifft Mädchen« oder »Fisch auf dem Trockenen« oder »sich in Zeitlupe von einer Explosion entfernen«. Und sobald du diese Muster erkennst, fängst du an, sie überall zu sehen. Dann kannst du diese Muster in anderen Zusammenhängen anwenden (zum Beispiel für eine Präsentation bei der Arbeit) und schauen, welche coolen Ideen daraus entstehen.

Oder du schärfst deine Fähigkeit der Mustererkennung, indem du auf die Natur achtest, etwa wenn Vögel in deinen Bäumen Nester bauen. Erkennst du bestimmte Dinge, die immer passieren? Kannst du herausfinden, was zu erwarten ist? Und wie kannst du dieses Wissen für etwas komplett anderes, Zusammenhangloses in deinem Leben nutzen?

Oder vielleicht die Muster der Jahreszeiten – was kannst du an ihnen erkennen? Henry David Thoreau tat dies, als er eine Analogie zwischen den Jahreszeiten und den Tagesabschnitten herstellte. Er schrieb: »Der Tag ist ein Sinnbild des Jahres. Die Nacht ist der Winter, der Morgen und der Abend sind Frühling und Herbst, und die Mittagszeit ist der Sommer.« So etwas nenne ich eine kreative Verbindung!

Lektion 10
Verlasse dich auf deinen Einfallsreichtum

Kreativität ist ansteckend. Gib sie weiter.

Albert Einstein

Jeden Morgen geht die Sonne auf. Wenn du auf den Lichtschalter drückst ... geht immer das Licht an. Wenn du den Hahn aufdrehst ... kommt immer Wasser heraus. Wenn du dein Gehirn aufforderst, etwas Kluges zu tun ... liefert dein Gehirn dann immer?

Wäre es nicht schön, wenn dein angeborenes Genie so verlässlich wäre wie der Sonnenaufgang, die Elektrizität oder die Wasserversorgung? Und wenn du dir nie Sorgen machen müsstest, ob du tatsächlich auf die Antworten kommst, die du benötigst? Wenn du einfach darauf vertrauen könntest, dass deine Kreativität immer zur Stelle ist?

Du solltest nicht überrascht sein, wenn dein Gehirn Brillantes liefert. Du solltest es am Ende erwarten. Warum? Weil die Erwartung Teil dessen ist, was es geschehen lässt.

Wenn du über etwas Brillantes, was du hervorgebracht hast, erstaunt bist, sendet dies eine Botschaft an dein Gehirn, dass das ein Glücksfall war. Dass es nicht normal ist. Dass es sich um ein seltenes Ereignis handelt und du nicht damit rechnen solltest. Oder dich nicht darauf verlassen solltest.

Mit anderen Worten: Wenn du deinen kreativen Geistesblitz als etwas Besonderes behandelst, ist das eine Reaktion, die auf der Annahme von Seltenheit basiert. Und das ist das Gegenteil von dem, wonach wir hier streben: eine Fülle an Kreativität.

Du willst, dass deine Kreativität so stark und regelmäßig fließt, dass dies alltäglich wird. Wie Superman, der mit Selbstvertrauen davonschwirrt, anstatt hinabzuschauen und zu sagen:»Wow, fliege ich tatsächlich?«

Was deine Schöpferkraft anbelangt, so willst du sie besitzen. Als wäre sie für dich das Natürlichste auf der Welt. Brillante Ideen? Zündende Ideen? Clevere Verbindungen?

Ja, genau, und zwar ständig.

Baue deine Erwartung in Sachen Einfallsreichtum auf

In meinem Buch *Bettgeflüster für die Seele (Pillow Self-Talk)* habe ich über die Macht der Erwartung geschrieben. Der Kontext war dort die Erwartung von Glück. Hier ist der Gedanke dahinter ähnlich. Du möchtest die Erwartung kultivieren, dass dir deine Schöpferkraft stets zur Verfügung steht, immer für dich arbeitet, immer Ideen hervorbringt.

Hast du als Kind eine Wunschliste für Weihnachten geschrieben und gewusst, dass du einiges davon erhalten würdest? Oder womöglich hattest du eine Großmutter, die dir immer

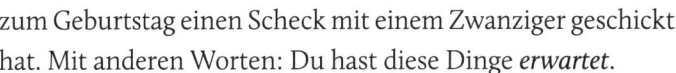

zum Geburtstag einen Scheck mit einem Zwanziger geschickt hat. Mit anderen Worten: Du hast diese Dinge *erwartet*.

Und weil du damit gerechnet hast, hattest du keinen Stress, ob du es bekommen würdest. Du hast wahrscheinlich nicht einmal wirklich daran gedacht. Und mit dieser Vorstellung möchte ich, dass du deine Erwartungen hinsichtlich deiner eigenen Kreativität überprüfst. Wir können von dieser »Erwartungshaltung« profitieren, um ein Kreativitäts-Mindset zu entwickeln, das zu Schöpferkraft führt, und zwar nicht nur gelegentlich (oder nie), sondern ständig. Jeden Tag.

Denke eine Minute darüber nach. Spüre das Gefühl, das du hast, wenn du dich auf etwas freust ... vielleicht auf deinen Geburtstag, einen Urlaub oder eine bevorstehende Kurzreise ... Alles, womit du rechnest und dich darauf freust. Unterschiedliche Menschen könnten es unterschiedlich wahrnehmen. Für manche könnte es ein schönes, sanftes Gefühl der Ruhe sein. Für mich ist es prickelnder. Hast du ein aufgewühltes Gefühl in der Brust? Vielleicht auch ein Flimmern? Oder vielleicht hüpfst du vor Freude. Welche Form es auch immer annimmt, schwelge für einen Augenblick in diesem Gefühl und merke es dir!

Jetzt nimm dieses Gefühl und übertrage es auf deine Kreativität. Nimm dieses Wissen, das du vor einem Moment in deinem Herzen gespürt hast, und verbinde es mit Gedanken der Erwartung von Schöpferkraft, Ideen und Kreativität. Sie werden alle kommen. Du weißt es. Glaube es. *Fühle es.*

Ich spreche ständig davon, wie wichtig es ist, deine Gedanken mit deinen Gefühlen in Einklang zu bringen, wenn es darum geht, deine Träume zu manifestieren, und das ist eine

Möglichkeit, diesen »Gefühlsteil« zu nutzen. Wenn man sich etwas nur schwer vorstellen und fühlen kann, dann liegt das daran, dass es einem fremd ist, und deshalb nutzt du ein Ersatzgefühl von etwas, was du bereits erlebt hast, um die Lücke zu füllen. Wenn du also in diesem Fall nie das Gefühl hattest, unendlich viel Kreativität zu besitzen, kein Problem, beschwöre einfach ein anderes Gefühl der Gewissheit herauf – das kann alles sein, bezüglich dessen du dir sicher bist –, und dann machst du in deinem Kopf eine kleine Kehrtwendung und gibst vor, dass du dich hinsichtlich deiner verlässlich genialen Schöpferkraft genauso fühlst.

Und jetzt, da du diese Erwartungshaltung für Kreativität und Schöpferkraft fühlst, machst du weiter. Vertraue auf die Fähigkeit deines Gehirns, unglaublich wilde Verbindungen herzustellen. Erwarte, dass dir Kreativität zufällt. Glaube daran, dass du immer jede Menge großartiger Ideen hast. Vertraue darauf, dass du magisch und mächtig bist, und dass du nach Lust und Laune für Originalität sorgen kannst, dass sich der Prozess immer hinter den Kulissen in deinem Gehirn abspielt, während du schläfst, während du kochst, während du Auto fährst ... bei allem. Erwarte es einfach!

Wenn du mit etwas rechnest, glaubst du daran, dass es geschieht, und das ermöglicht deiner Seele zu sehen, wie sich das Ergebnis materialisiert. Der Glaube daran erhöht die Wahrscheinlichkeit, dass es geschieht, weil du anfängst, Dinge in der Welt anders zu sehen. Und vor allem beginnst du, dich zu entspannen. Denn wenn du dich nicht entspannst, beginnst du dich zu fragen, dann zu zweifeln, und schon bald kannst du in einen Strudel von Anspannung und Sorge geraten.

Aber wenn du davon ausgehst, dass die Dinge sich für dich fügen, wenn du wirklich damit rechnest, dass die produktive Schöpferkraft ein grundlegender Teil deines Lebens ist, dann ist das eine unglaublich entspannende Erfahrung. Das heißt dann:»Keine Sorge, ich besitze diese Energie.« Wie die Heldin in einem Film, von der jeder weiß, dass sie anderen den Hintern versohlen wird. Ein klarer Geist entspannt dich, schenkt dir Gelassenheit und ermöglicht deinem denkenden Gehirn, sich zurückzunehmen und dein Unterbewusstsein seinen Zauber vollführen zu lassen, wenn neue Ideen zu sprudeln und aufzublühen beginnen.

Wine-Self-Talk-Text:
Verlasse dich auf deinen Einfallsreichtum

Ich bin ein wilder, tosender Fluss voller Ideen, die ständig wie Wellen mit weißen Kronen durch mich hindurchfluten.

Mein Leben ist bunt, auf allen Seiten von kühnen Ideen entfacht.

Ich vertraue dem Leben. Ich vertraue meinen Fähigkeiten zu schöpferischer Arbeit und der Herstellung der coolsten Verbindungen.

Ich breite meine Kreativitätsflügel aus und bin bereit für einen wilden Flug.

Ich bin neugierig, aufgeschlossen und interessiert an dem, was ich tue.

Ich habe den Mut, mich zu entspannen. Ich schlafe, wenn es notwendig ist, und das schärft meine Sinne.

Ich erkläre meine Inspirationen dem Leben, indem ich sie bei meinen Selbstgesprächen laut ausspreche.

Das Universum hört zu. Mein Gehirn konzentriert sich. Ich lasse erstaunliche Dinge geschehen!

Ich liebe es, neue Dinge zu erkunden, und ich probiere ständig neue Ideen aus. Um zu sehen, was keimt und Wurzeln schlägt und was nicht. Ich entwickle mich weiter. Tanze weiter. Bin immer schöpferisch tätig.

Ich habe mich mit vielen Werkzeugen umgeben, die meine Inspiration und Kreativität anregen. Ich bin effektiv kreativ und erschaffe erstaunliche Dinge.

Das Leben ist eine Party. Mein Leben ist eine Party. Ich liebe das Leben! Heute ist ein großartiger Tag!

Ich erwarte, dass in dieser Woche großartige Dinge geschehen. Mein Leben ist fantastisch.

Je mehr ich mich auf das Gute konzentriere, desto mehr Gutes strömt in mein Leben.

Ich stürme im Leben voran ... groß, beschwingt, glitzernd wie ein Diamant und stolz. Ich besitze meine Kraft, meine Intelligenz, meine Weisheit und meine Kreativität. Ich rechne ständig damit, dass unglaubliche Dinge geschehen.

Mit jedem Erfolg, den ich verbuche, mit jedem Schritt, den ich mache, ziehe ich noch mehr Erfolg an.

Ich bin für alles in meinem Leben dankbar. Ich wache voller Sonnenschein in meiner Seele auf.

Ich bin ein kreatives Genie!

Ideen pulsieren in meinem Kopf, Geschichten schlagen in meiner Seele, Inspiration strömt durch meine Adern. Ich bin ein innovatives Genie. Danke an mich, dass ich mir Zeit nehme, meine Kreativität aufblühen zu lassen.

Ich schlafe gelassen in der sicheren Erwartung meines Erfolgs, weil meine Kreativität stets Teil meines Lebens ist.

Ich gelange problemlos von der Idee zur Umsetzung. Schritt für Schritt, es ist ein Kinderspiel.

Ich habe alle Zeit verdient, die ich mir wünsche und brauche, um mein bestes Selbst zu sein. Wir alle haben sie verdient.

Ich weiß, dass mir Kreativität leicht zufällt. Ich lächle wissend. Ideen sind da. Verbindungen sind hergestellt. Ich bin für alles bereit. Her damit!

Kreativitätstipp:
Morgendliche Routine für deinen Erfolg

Wenn du dir eine morgendliche Routine angewöhnst, die du problemlos einhalten kannst, wird sie dazu führen, dass du den »Flow-Modus« nutzen kannst, in dem wir häufig aufwachen. Weil morgendliche Routineabläufe automatisch sind, hältst du sie ein, ohne nachzudenken. Das heißt, dass keine Beta-Gehirnwellen deine unwiderstehliche Strahlkraft stören. Wenn ich aufwache, ist das Erste, was ich tue – natürlich, nachdem ich mir einen Kaffee gemacht habe –, dass ich mich in meine spezielle Juju-Ecke setze (siehe Seite 118), wo ich meinen Coffee Self-Talk mache, Tagebuch führe und lese. Dann wechsle ich an meinem Schreibtisch und halte den Flow am Laufen, indem ich meine automatisierte Routine einhalte, um zu meiner Arbeit überzugehen: dem Schreiben. Ich sitze einfach da und fange an. Ich gleite mühelos in diesen Modus, und das macht mein Gehirn frei für maximale Kreativität. Mein Geist fliegt, ist weit offen und bereit zu empfangen.

Lektion 11

Kaskaden von Ideen

Es gibt fünf grundlegende Geschmacksrichtungen,
doch Kombinationen davon ergeben mehr Aromen,
als je gekostet werden können.

Sun Tzu, Die Kunst des Krieges

Ideen ... sie sind wie ein kleiner Hauch des magischen Atems. Kostbare goldene Energie in einer Form, die man nicht sehen kann ... bis du die Idee, die Energie, in Materie verwandelst. Ideen machen das Leben spannend, strahlend und aufregend. Eine Idee im Kopf zu haben kann fantastischer sein als jeder andere Besitz, den du in der Hand halten kannst. Allerdings waren auch alle diese Besitztümer einmal Ideen! *Ideen! Ideen! Ideen!*

Ein Leben, in dem einem Ideen einfallen, macht so viel Spaß. Ideen erleichtern das Leben, wenn sie Probleme lösen. Sie machen Menschen glücklich, wenn man sie nutzt, um anderen zu helfen. Sie führen zu Schönheit, wenn man Kunst herstellt. Sie bringen Geld ein, wenn man Dinge produziert, die man verkaufen kann. Aber wie kommt man auf mehr Ideen? Zuerst einmal muss wiederholt werden: Man kann Kreativität kultivieren.

Kreativität ist eine erlernbare Fähigkeit. Jeder kann sie erlernen. Und um diesen Prozess zu unterstützen, muss man sich Kreativität zur Gewohnheit machen.

In seinem Buch *Wo gute Ideen herkommen* schreibt der Autor Steven Johnson, dass man im Leben nach den »Ersatzteilen« Ausschau halten und sie zusammenfügen müsse, um mit guten Ideen aufwarten zu können. Mit anderen Worten: Wenn du ein paar kleine Geräte auseinandernimmst und alle Stücke auf den Tisch legst, welche neuen Dinge kannst du herstellen, wenn du die Teile neu arrangierst? Der Trick besteht nicht etwa darin, ständig große Gedanken hervorzubringen. Manchmal besteht er einfach darin, mehr gute »Teile auf den Tisch« zu bekommen, um sie zu nutzen. Und wie bekommt man mehr Teile auf den Tisch?

Sammle mehr Teile

Im Folgenden findet sich eine Liste guter Möglichkeiten, die dir helfen, mehr Teile auf den Tisch zu bekommen, die du dann neu kombinieren kannst. Sobald du einmal anfängst, das zur Verfügung Stehende im Kopf zu erweitern, um damit zu arbeiten, wirst du erstaunt sein, welche guten, neuen Verbindungen du herstellen kannst.

1. Erweitere deine Interessensgebiete

Suche dir ein neues Hobby. Man weiß nie, was ein neues Hobby für deine Kreativität in Bereichen bewirken kann, die außerhalb dieses Hobbys liegen. Die Teilnahme an einem Kochkurs kann dich beispielsweise die Erfahrung machen lassen, dass du seltsamerweise mehr Erfolg hast, wenn du jemandem hilfst, der bei der Arbeit ein Problem hat. Nähen zu können könnte dir auf Reisen nützlich sein. Jedes Mal, wenn

ein Hobby verlangt, dass man den Gebrauch eines neuen Werkzeugs erlernt – sei es ein Präzisionsmesser, eine Heißluftpistole oder eine neue Software-Anwendung –, ist es in der Tat frappierend, dass man auf einmal Wege findet, dieses neue Werkzeug in völlig anderen Zusammenhängen zu verwenden. So sehr, dass man sich fragt: Wie bin ich bisher bloß ohne ausgekommen?

2. Triff neue Leute in neuer Umgebung

Unternimm mit Fremden eine Bustour durch deine Stadt oder eine Segway- oder eine Kneipentour oder gehe in einer Stadt, die eine Stunde von deiner entfernt liegt, auf kulinarische Entdeckungsreise. Sprich die Leute an, die du dort triffst, stelle Fragen, sei neugierig. Sei ein Tourist! Es geht darum, andere Leute kennenzulernen und die Augen für neue Dinge zu öffnen. Erkundige dich in der städtischen Bücherei oder Universität nach kostenlosen Vorträgen und Events. Erkundige dich in örtlichen Cafés nach Open Mic Nights oder gehe einfach aus, um andere Leute zu treffen.

3. Besuche einzigartige Umgebungen

Mache deinen täglichen Spaziergang, aber statt die übliche Route zu gehen, wähle eine neue Strecke, die du noch nie gegangen bist. Oder du unternimmst einmal in der Woche deinen Spaziergang an einem speziellen Ort, zum Beispiel in einem historischen Teil deiner Stadt oder im Zoo oder im Botanischen Garten. Du wirst zwei Fliegen mit einer Klappe schlagen: Bewegung und eine neue Umgebung. Bedenke,

dass Studien ergeben haben, dass Naturkulissen die Kreativität anregen können. Durch Dinge wie Bäume, Sonnenschein, Wasser, Blumen, Vögel und so weiter.

Denke an dein eigenes Büro oder Arbeitszimmer und mach dir einen Spaß daraus, es zu verändern. Vielleicht hängst du ein super skurriles Kunstwerk an die Wand. Vielleicht malst du Regenbogen oder Punkte an die Decke. Oder du hängst Strandbälle in die Zimmerecken. Stelle einen Korb mit Steinen, Obst oder Garn auf deinen Schreibtisch. Falls du in deinem Arbeitszimmer eine Couch stehen hast, belagere sie ein paar Wochen lang mit den Kuscheltieren deiner Kinder. Entscheidend ist, ungewöhnliche Dinge um dich zu haben, um dich aus dem allzu vertrauten geistigen Zustand herauszuholen, was dir helfen wird, auf außergewöhnliche Ideen zu kommen. Profi-Tipp: Verändere deine Umgebung bis zu einmal pro Monat.

4. Entwickle deine aktuellen Talente

Verbessere deine aktuellen Fähigkeiten. Falls du gut singen kannst, belege einen Kurs, um deine Stimme noch weiter auszubilden und beispielsweise einen Song aufnehmen oder live auftreten zu können. Falls du gut Spanisch kannst, suche dir ein Schauspiel mit einer Rolle, bei der Spanisch gesprochen wird. Wenn du Schriftstellerin bist, belege einen Poesie- oder Comedy-Kurs.

Falls du handwerklich geschickt bist, verbessere deine Fähigkeiten, indem du ein ehrgeiziges Projekt anpackst … etwas, was du gerade noch schaffen kannst und an dem du lernen und wachsen wirst. Indem du zum Beispiel eine Terrasse oder eine Gartenlaube baust oder den Garten umgestaltest.

5. Suche das Lächerliche

Lass dich auf hirnrissige Gedanken ein und versuche herauszufinden, wie du deiner Katze beibringen kannst, die Toilette zu nutzen (das gibt es wirklich ... es gibt sogar Geräte, die Kätzchen helfen, die Spülung zu betätigen!). Oder wie du deinen Hund dazu bringst, den Staub vom Boden zu wischen. Oder wie man Cowboystiefel recycelt und daraus Möbel herstellt. Die Idee dahinter ist, scheinbar unmögliche Dinge in Erwägung zu ziehen, nur um die Krativität fließen zu lassen. Vielleicht wirst du mit diesen Dingen nicht wirklich Erfolg haben (aber hey, wer weiß das schon?), doch das ist nicht der Punkt. Entscheidend ist, unkonventionell zu denken und damit den Kreativitätsmuskel zu trainieren.

6. Absichtliches Umherschweifen

Das bewusste Umherschweifen bezieht sich auf eine bestimmte Art der ziellosen Erkundung von neuen Orten oder neue Dinge zu tun oder einfach der Neugier zu folgen und neue Themen im Internet zu recherchieren, wobei das Hauptmerkmal darin besteht, dass mit dem Umherschweifen kein bestimmtes Ziel verfolgt wird, außer umherzuschweifen. Es beginnt nicht damit, dass man nach einer bestimmten Antwort sucht. Man nimmt sich einfach eine Auszeit vom normalen Leben, um etwas zu erkunden. Um herumzuschweifen. Ganz ohne Druck.

Nicht jeder, der wandert, ist verloren.
J. R. R. Tolkien

Obwohl ich das intuitiv tat, war es für mich keine regelmäßige Aktivität, bis der Autor Malcolm Gladwell es als etwas hervorhob, was er tut, um neue Themen für seine Bücher zu finden. Wie er das Konzept beschreibt, muss man sich vom Druck der Produktivität befreien und sich frei fühlen, Wege zu beschreiten, die nicht notwendigerweise irgendwohin führen. Zumindest nicht anfänglich. Einfach herumwandern und schauen, was man entdeckt – Fakten, Geschichten, Ideen, Gedanken, Meinungen –, und sie im Hinterkopf speichern. Wenn man genug dieser kleinen Wanderungen unternimmt, hat man bald ein Regal voller cooler, kleiner Perlen.

Dann muss man geduldig sein und die Dinge im Hintergrund einsickern lassen, ohne jegliche Absicht, ohne Ziele und ohne eine Ahnung zu haben, wie sich diese Dinge eines Tages vielleicht auszahlen könnten. Je größer die Sammlung, desto besser stehen die Chancen, dass etwas davon irgendwann nützlich sein wird. Wenn man viele unterschiedliche Erfahrungen gemacht und Kenntnisse gesammelt hat, bildet dies die Grundlage im fruchtbaren Boden deines Gehirns, um neue Verknüpfungen herbeizuführen.

Der Autor Neil Gaiman schreibt: »Durch Tagträumen entstehen Ideen. Wenn man gelangweilt ist, kommt man auf Ideen. Ständig fallen dir Ideen ein. Der einzige Unterschied zwischen Schriftstellern und anderen Leuten besteht darin, dass wir Schriftsteller merken, wenn wir es tun. Wenn man sich einfache Fragen stellt, kommen einem Ideen. Die wichtigste dieser Fragen lautet einfach: ›Was wäre, wenn …?‹

Was wäre, wenn du mit Flügeln aufwachen würdest? Was wäre, wenn sich deine Schwester in eine Maus verwandeln würde? Was wäre, wenn ihr alle herausfinden würdet, dass

eure Lehrerin geplant hatte, am Ende des Schuljahrs einen von euch aufzuessen, ihr aber nicht wusstet, wen?«

Drei alberne Ideen

Wenn man regelmäßig mit mehr Ideen aufwarten will, braucht es Übung. Man muss den Ideenmuskel im Kopf stärken. Nachdem du die oben aufgelisteten Übungen gemacht hast, wirst du jede Menge großartigen Stoff zur Verfügung haben, mit dem dein Geist arbeiten kann, und jetzt ist es Zeit zu üben. Mach dir die Ideenbildung zur selbstverständlichen Gewohnheit, indem du übst, mit Ideen aufzuwarten. Egal wie albern sie anfänglich sind. Und wenn ich albern sage, meine ich albern:

- Eine Liebesgeschichte, in der Gelee sich zwischen Erdnussbutter und Nutella entscheiden muss
- Ein Gerät, das Haare aus einer Bürste nutzt, um Katzen zu unterhalten
- Eine Dating-App für Fans der Fernsehshow *Ausgerechnet Alaska* aus den 1990ern usw.

Der Gedanke dahinter ist, urteilsfrei so viele Ideen zu produzieren, dass dein Gehirn anfängt, das gewohnheitsmäßig zu tun. Durch unseren guten Freund, die Wiederholung, bildet das Gehirn neue Synapsen, bis die ständige Produktion neuer Ideen einfach Teil deiner Persönlichkeit wird.

Ich liebe folgende tägliche Übung, die vom Autor, Hedge-Fund-Manager und Multiunternehmer James Altucher inspiriert wurde. Er empfiehlt, jeden Tag eine Liste von zehn Ideen zu erstellen. Und das Geheimnis lautet: Es gibt keine

Beschränkung, wie schlecht sie sind. Tatsächlich ist je dümmer, desto besser, denn dann kann man sich einfach austoben. Altucher nennt die Übung ganz unverblümt »Zehn beschissene Ideen«, aber ich habe »beschissene« einem besseren Selbstgespräch zuliebe weggelassen. Außerdem habe ich mit nur drei Ideen pro Tag angefangen, im Gegensatz zu den zehn von Altucher. Als ich es mit zehn versuchte, fand ich es zu entmutigend, und mir fiel überhaupt nichts ein. Es war zu anstrengend, ich wollte nicht einmal damit anfangen.

Doch seine Überlegung, zehn zu fordern, ergibt Sinn. Er betont, dass man dadurch, dass man sich zwingt, so viele Ideen hervorzubringen, sich zwingt, mit noch dümmeren Ideen aufzuwarten – es senkt das Niveau –, weil genau das geschieht, wenn man unter dem Druck steht, Ideen in Massen zu produzieren. Tatsächlich geht er so weit und erklärt, dass man, wenn man keine zehn hervorbringt, sich zu sehr anstrengt und stattdessen zwanzig produzieren sollte! Das heißt, die Erhöhung der Anzahl wird den Druck reduzieren, dass die Ideen gut sein müssen. »Perfektionismus ist der Feind des Ideenmuskels«, erklärt er. Ob du nun also anfängst, dir anzugewöhnen, täglich ein paar Ideen oder zwanzig zu produzieren, leg los. Fang einfach an. Das ist wichtiger als die Zahl, die du anstrebst.

Finde heraus, was bei dir funktioniert. Für mich hat es die Absenkung auf drei Ideen viel einfacher gemacht, daran festzuhalten. Und es hat Spaß gemacht. (Glaub mir, meine Ideen waren wirklich albern.) Mit der Zeit erhöhte ich die Zahl auf fünf, und irgendwann war der Punkt erreicht, an dem ich häufig problemlos mit zehn Ideen aufwarten konnte. Also fühle dich frei, klein anzufangen, selbst wenn du am Tag nur

eine dumme Idee aufschreibst. Wenn du daran festhältst, wirst du schon bald mit mehr aufwarten können.

Der Grund dafür liegt darin, dass du deinen die Ideen produzierenden Muskel trainierst. Jedes Mal, wenn du etwas wiederholt tust, wird es einfacher. Diese Pfade in deinem Gehirn beginnen sich zu verknüpfen, und deinem Gehirn gelingt es schneller, Informationen aus verschiedenen Bereichen zu holen und auf neue Weise miteinander zu kombinieren. Das Verrückte daran ist, dass das für alle Arten von Aufgaben gilt, nicht nur für Themen deiner täglichen Liste der albernen Ideen. Zum Beispiel neue Arten, Zutaten oder verschiedene Kleidungsstücke miteinander zu kombinieren oder Probleme bei der Arbeit oder auf anderen Gebieten deines Lebens zu lösen.

> Ideen sind wie Hasen. Man bekommt ein Paar und lernt, mit ihnen umzugehen, und schon bald hat man ein Dutzend.
> John Steinbeck

Bei deinen Ideen kann es um alles gehen. Und vielleicht sind sie nicht einmal albern. (Das mit der Albernheit ist nur dafür gedacht, die Sache zu erleichtern; manchmal werden es sogar gute Ideen sein.) Deine Liste kann Folgendes enthalten:

- Fernsehshows, die du gern produziert hättest
- Restaurants, von denen du dir wünschst, es würde sie geben
- Videos, auf deren Produktion du Lust hättest
- Menschen, die du miteinander bekannt machen kannst
- Verrückte Sandwiches
- Dinge, auf deren Erfindung du wartest
- Möglichkeiten, um Zeit oder Geld zu sparen
- Idee, wie man aus recycelten Plastikstrohhalmen Schmuck herstellen kann
- Haushaltsprodukte, die verbessert werden müssen usw.

Du hast das Prinzip verstanden. Viel Spaß mit diesen Ideenlisten! Ich habe in meinem Kalender eine Tabelle, in die ich meine tägliche Ideenliste eintrage. Und weil ich diese jeden Tag unmittelbar nach meinem Coffee Self-Talk aktualisiere, schlage ich einfach meinen Kalender auf und trage meine Ideen ein. Das ist nichts, was du über den Tag verstreut tun willst. Es ist wirksamer, wenn du dich hinsetzt und dein Gehirn in den Flow gerät. 1, 2, 3 ... los!

Sobald du diese Ideen aus dem Kopf und auf Papier gebracht hast, sorgt das für Raum in deinem Kopf. Für noch mehr Ideen! Und wenn eine deiner Ideen deiner Meinung nach herausragt, wenn sie dir später immer wieder in den Sinn kommt, dann könntest du sie in eine neue Liste der »guten Ideen« eintragen, die vielleicht nach Kategorien geordnet ist. Selbst diese Ideen können albern sein; sie müssen nur interessant genug sein, dass du sie später noch einmal überdenkst und eine oder mehrere davon möglicherweise nutzen willst. Aber um es klar zu sagen, gute Ideen sind nur ein Nebenprodukt dieser täglichen Gewohnheit. Es ist nicht entscheidend, irgendwann mit einer millionenschweren Idee daherzukommen; es geht darum, sich ständig problemlos viele Ideen einfallen zu lassen. Tatsächlich so viele, dass du dich selbst für so gut im Produzieren von Ideen hältst, dass Ideen im Überfluss vorhanden und nicht etwa rar sind. Das ist der entscheidende Punkt. Einfach mit Ideen aufzuwarten.

Zusammenfassung: Ideen gibt es in Hülle und Fülle, und du erlebst dies, indem du deinen Ideenmuskel durch tägliche Übung trainierst.

Wine-Self-Talk-Text: Kaskaden von Ideen

Ich liebe es, mit neuen Ideen aufzuwarten, und es geschieht ständig.

Ideen durchfluten mich wie Ozeanwellen, die immer höher und stärker werden.

Ich bin eine Ideenmaschine. Ideen brodeln und sprudeln ständig in mir.

Ich bin fantastisch. Ich bin tiefschürfend. Ich bin Liebe. Ich bin Energie. Ich lebe mein sagenhaftestes Leben.

Ich bin voller Freundlichkeit zu mir selbst und anderen. Ich sehe Fremde vorbeigehen, und ich überschütte sie, dich und mich mit Liebe.

Ich pflanze mir Ideen ein. Das sind Samen. Ich gieße und pflege sie mit Liebe und Leidenschaft. Dann ernte ich sie, ein großer Korb voller Ideen, die vor mir ausgebreitet werden.

Ich vertraue meinen Gefühlen. Sie stammen von meinem inneren Genie, und sie schubsen mich in die richtige Richtung.

Ständig tauchen neue Konzepte, Pläne und Entwürfe in meinem Kopf auf. So viele, dass ich nach meinem Notizbuch greife und sie mir notiere. Eine nach der anderen, eine nach der anderen. Eine Kaskade von Ideen, die immer weiter sprudelt. Es ist verblüffend.

Ideen tanzen um mich herum. Sie tanzen durch mich hindurch, sie knicksen und wirbeln umher.

Ich liebe es, neue Dinge auszuprobieren, weil dadurch neue Ideen entstehen.

Ich erweitere ständig meine Interessensgebiete, was Samen für neue Ideen pflanzt.

Ideen fallen mir aus allen Richtungen zu. Von der Seite, von oben, von nah und fern. Sie sind da! Und dort! Ach, und da drüben! Überall sind Ideen!

Jeder Tag bringt erstaunliche neue Ideen, Spaß und Begeisterung. Abenteuer sind mein Ding. Sie sind der Reiz in meinem sagenhaften Leben!

Ich bin reich, ich schwimme in Kreativität, Gedanken und Schöpferkraft. Ich habe Zeit, alles zu erkunden, was ich erkunden will. Ich habe reichlich Zeit.

Ich bin es wert, explosive, verrückte und coole Ideen zu haben. Meine Gedanken sind voller Originalität. Ständig stelle ich Verbindungen her und entwicke neue Konzepte. So bin ich nun einmal.

Ich bin clever, neugierig, und ich sehe überall Möglichkeiten. Meine Kreativität rumort in meinem Inneren.

Ich bin hellwach. Ich bin wachsam mit Selbstliebe. Ich bin für all die neuen Ideen offen, die mir gerade jetzt und immer durch den Kopf gehen.

Ich habe ein phänomenales Gehirn und Gedächtnis.
Ich erinnere mich an alles, woran ich mich erinnern will.

Ich bin glücklich! Ich bin glücklich!
Ich bin glücklich, glücklich, glücklich!

Kreativitätstipp:
Sport mit Musik

Bei sportlichen Aktivitäten kann das Hören von Musik deine Kreativität verbessern. Bei einer Untersuchung haben Forscher Menschen auf ihre Sprachkompetenz getestet, nachdem sie sich mit und ohne Musik sportlich betätigt hatten. Die Ergebnisse zeigten, dass die Teilnehmer, wenn sie mit Musik Sport trieben, in ihrer Sprachkompetenz mehr als doppelt so gut abschnitten! Der Studienleiter spekuliert, dass die Kombination von Musik und Sport kognitiv anregend wirkt, was die Organisation des kognitiven Outputs unterstützen kann. Viele Menschen hören schon heute Musik, während sie sich sportlich betätigen, aber die Kenntnis dieser interessanten Forschungsergebnisse kann die Wirkung noch verstärken, weil sie dazu führt, dass du mit diesem Resultat *rechnest*.

Lektion 12
Vorwärts scheitern

Kreativität bedeutet, dass man sich erlaubt,
Fehler zu machen.
Scott Adams

Scott Adams, der Schöpfer der Dilbert Comics, schrieb:»Ich habe ein einzigartiges Verhältnis zum Misserfolg kultiviert. Ich lade ihn ein. Ich überlebe ihn. Ich schätze ihn. Der Misserfolg bringt immer etwas Wertvolles mit sich.« Mir gefiel ganz besonders die Feststellung, dass er»... den Misserfolg an der Gurgel packt und so lange zudrückt, bis er einen Haarball Erfolg herauswürgt«.

Was für eine phänomenale Einstellung zum Scheitern! Ich liebe sie. Sie spornt mich auf seltsame Weise an zu scheitern. Ich hatte definitiv meinen Teil an Misserfolgen. Ich hatte große und kleine. Große Misserfolge, wie zum Beispiel mein Scheitern, das Medizinstudium zu beginnen (ich hatte nicht genug gelernt und mich von Jungs ablenken lassen). Und das Scheitern meiner ersten Ehe ... Ich habe mich nicht geliebt und einen Mann geheiratet, der mich definitiv nicht geliebt hat. Und ich hatte so viele Fehlschläge mit meinen Rezepten (Sardinen mit Schlagsahne zu mischen, schmeckt so schlecht, wie es klingt – es ist eine lange Geschichte, weshalb ich sogar das ausprobiert habe). Ich könnte weitere Fehlschläge aufzäh-

len. Produktfehler. Website-Fehler. Das Scheitern von Beziehungen.

Aber jetzt kommt das Entscheidende: Durch jeden dieser Misserfolge lernte ich Lektionen, die ich mein ganzes Leben mit mir herumtragen werde. Fehler, die ich nicht noch einmal machen werde. Aber noch aufregender ist, dass einige dieser Fehlschläge, vor allem die großen, Türen geschlossen und mir erlaubt haben, neue Türen zu öffnen. Deshalb bekam ich, auch wenn ich nicht Medizin studiert habe, einen gut bezahlten Job in einem Unternehmen. Ein Sieg, richtig?

Nun, er führte dazu, dass ich chronisch überarbeitet und wahnsinnig gestresst war. Ein Fehlschlag, richtig?

Der Job war so fordernd, dass ich keine Zeit mehr fand, auszugehen und unter die Leute zu kommen, deshalb nutzte ich eine Dating-Plattform im Internet, um einen Freund zu finden, und jetzt sind wir schon zehn Jahre verheiratet! Erfolg!

Man weiß einfach nie, wohin der Weg einen führen wird. Fehler dienen einem Zweck. Sie sind ein notwendiger Teil des Prozesses. Wenn du dein Leben genauer betrachtest, wirst du feststellen, dass es von Misserfolgen in ganz unterschiedlichen Ausmaßen durchzogen ist, aber du stehst noch immer da, schaffst es noch immer, wieder auf das verrückte Pferd zu steigen. (Meines ist natürlich ein pinkfarbener Pegasus.) Und mit diesen Misserfolgen verbesserst du alle zukünftigen Erfahrungen. Es ist, als wären die Fehlschläge Fäden, die zu einer Decke deines Lebens miteinander verwoben werden. Am Ende schützt dich diese Decke. Und hält dich warm.

So gesehen hat das Scheitern etwas Schönes. Es ist ein natürlicher Bestandteil des Lebensflusses. Und es gibt noch etwas

Schönes am Scheitern: Du kannst sogar das Scheitern anderer Leute beobachten und daraus lernen. Was natürlich bedeutet, dass andere Leute auch von deinen Misserfolgen lernen können. Meine Tochter lernt eine Menge, wenn ich ihr von meinem Scheitern in Beziehungen und im Beruf berichte. Es ist nicht das Gleiche, als würde sie die schmerzhaften Erfahrungen selbst machen, aber wann immer möglich, ist es besser, Lektionen »auf Kosten anderer« zu lernen, wie man so schön sagt.

Das Gleiche gilt für mich und meine Mutter. Ich habe viel von ihren Fehlern gelernt. Vor vielen Jahren besaß sie ein Speditionsgewerbe, das schließlich scheiterte, und bis heute trage ich die Lektionen, die sie mir beigebracht hat, mit mir herum.

Bevor wir uns kennenlernten, war mein Mann Mitbegründer eines Start-ups in Silicon Valley, das letztlich scheiterte, und der Stress führte dazu, dass er an einem Tiefpunkt anlangte. Aber sobald er sich davon erholt hatte, sagte er, alles andere sei jetzt viel leichter, weil er sich »unverwüstlich« fühle. Ich meine, nichts beunruhigte ihn. Als wir heirateten, war ich wegen ein paar dummen, banalen Dingen gestresst, und er war cool und gelassen. Ich fragte ihn, wie er es schaffte, nicht wie ich auszuflippen! Er zuckte mit den Achseln und sagte: »Ich habe Schlimmeres durchgemacht. Das ist nichts dagegen.« Deshalb vermittelte ihm der Fehlschlag nicht nur eine neue Perspektive, sondern auch eine Art von emotionaler Stärke, die er dann auch mir beibrachte.

Einige der unglaublichsten Erfindungen entstanden durch Fehlschläge. Charles Goodyear verbrannte 1839 versehentlich auf einem heißen Kocher ein Stück Gummi und entdeckte so den Vulkanisierungsprozess, der noch heute für die Herstellung von Autoreifen angewandt wird.

Edouard Benedictus ließ 1903 in seinem Labor versehentlich einen Glaskolben mit Cellulosenitrat fallen. Der Glaskolben zerbrach auf dem Boden, behielt aber dank der Substanz, die die Innenseite auskleidete, seine Form. Und so erfand Benedictus das beschichtete Sicherheitsglas, aus dem die Windschutzscheibe deines Autos besteht.

Und Thomas Edison unternahm bekanntermaßen mehr als tausend Versuche, bis er eine Glühbirne entwickelte, die tatsächlich funktionierte. Als die Leute ihn fragten, wie er mit all diesen Fehlschlägen umgegangen sei, antwortete er: »Das waren keine Fehlschläge. Ich habe nur tausend Methoden gelernt, wie man eine Glühbirne nicht herstellt.«

Wenn du also zunächst keinen Erfolg hast, versuch es wieder und wieder und freue dich, dass du mit jedem Versuch Schritte in Richtung deines Ziels unternimmst.

William Stanley Jevons schrieb 1874: »Es wäre ein Irrtum anzunehmen, dass der große Erfinder gleich die ganze Wahrheit erfasst oder eine unfehlbare Methode hat, sie zu erahnen. Höchstwahrscheinlich übertreffen die Irrtümer des großen Geistes diejenigen des weniger eifrigen. Die Fruchtbarkeit der Fantasie und die Fülle der Versuche, die Wahrheit herauszufinden, zählen zu den Grundvoraussetzungen für Entdeckungen; aber die Fehlversuche müssen um ein Vielfaches zahlreicher sein als diejenigen, die sich bewahrheiten.«

Misserfolge und Fehlschläge sind wie magische Werkzeuge, ein funkelnder Schraubenzieher oder ein glitzernder Hammer. Sie helfen uns, in der Zukunft bessere Entscheidungen zu treffen. Misserfolge sind nicht das Ende; sie zählen zu den Schritten eines Prozesses, der am Ende zum Erfolg führt. Ich wette, wenn du die Misserfolge in deinem Leben notierst, hast du am Ende eine Liste all der unterschiedlichen Lektionen, die du gelernt hast. Und du solltest alle diese Fehlschläge aus diesem Blickwinkel betrachten. Denn ich verspreche dir, dass darin Gold verborgen liegt.

Nimm Fehlschläge als etwas Fantastisches

Es gibt etwas, was »rückblickende Beurteilung« genannt wird, wenn grundsätzlich glückliche Menschen negative Erfahrungen der Vergangenheit als positiv interpretieren, sodass sie diese als gut erinnern. Wie eine Frau, die in den Urlaub fährt, ihr Gepäck verliert, an den meisten Tagen vom Regen durchnässt wird und stark unter Montezumas Rache zu leiden hat, nachdem sie an einem Glas Wasser nippte. Aber wenn du sie fragst, wie ihr Urlaub war, antwortet sie »Fantastisch!« und zählt all die positiven Urlaubserlebnisse auf.

Positive rückblickende Beurteilung kann eine kluge Art sein, Misserfolge zu betrachten. Das Positive zu sehen, hilft beim Lernen durch die Überwältigung der negativen Erinnerungen, die andernfalls die Lektionen übertönen könnten. Den Silberstreif am Horizont zu sehen, trägt auch dazu bei, Stress zu reduzieren. Deshalb wirst du ab jetzt, wenn du einen Fehlschlag erleidest, eine neue Perspektive annehmen: *Scheitern ist fantastisch, weil ich daraus lerne.*

Das soll nicht etwa heißen, dass du vergisst, was schiefgelaufen ist; es heißt, dass du daraus lernst und die Lektion zu schätzen weißt.

Ich hatte im Leben einige Erfolge. Und weißt du, was? Die meisten meiner größten Erfolge kamen nach entsprechend großen Fehlschlägen. Ich habe einen fantastischen Mann geheiratet (in zweiter Ehe), ich habe eine wunderbare Tochter (nach einer fehlgeschlagenen künstlichen Befruchtung und einer Fehlgeburt), ich liebe die Arbeit, die ich mache (nachdem ich viele Jobs hatte, die mir nicht viel Spaß gemacht haben). Ich lebe mein magisches Leben nicht, *obwohl* ich diese Fehlschläge hingelegt habe, ich lebe mein magisches Leben *wegen* dieser Fehlschläge. Sie waren notwendig, um mich dahin zu bringen, wo ich heute stehe. Es gibt keine Abkürzungen durchs Leben.

Misserfolge sind nicht das Problem. Wie du die Misserfolge betrachtest, macht den Unterschied aus. Und wenn du das Scheitern auf eine Weise betrachtest, die nicht hilfreich ist oder dich zurückhält, dann solltest du deine Perspektive ändern. Du musst deine Misserfolge in der geistigen Bilanz von Verbindlichkeiten in Vermögenswerte umwandeln.

Für alle bis auf ein paar wenige sehr Glückliche setzt Erfolg voraus, dass man jede Menge lernt und immer weiter lernt. Im Grunde das ganze Leben lang. Insbesondere gilt es zu lernen, was funktioniert und was nicht. Wenn du etwas lernst, was funktioniert – das kann alles sein, vom Sauerteigbrot-Backen bis hin zur Führung eines Unternehmens –, ist das großartig, und du solltest es als Erfolg verbuchen. Aber für jeden erfolgreichen Weg, einen Laib Sauerteigbrot zu backen oder ein Unternehmen zu führen, gibt es tausend Wege, es zu vermasseln! Und niemand perfektioniert seine Kunst ohne Erforschung – und Erforschen bedeutet, herauszufinden, was funktioniert, aber auch was nicht funktioniert.

Wir bezeichnen das, was nicht funktioniert, als »Misserfolg«, aber das ist eine ungünstige Sichtweise, denn in Wahrheit handelt es sich nur um das Lernen, wie man etwas lieber nicht macht, wie etwa bei Edison und seinen tausend Anläufen, eine Glühbirne herzustellen. Entscheidend ist, dass er nicht aufgegeben hat!

Nimm dir einen dicken Radiergummi und feiere das Scheitern

So gut wie niemandem gelingt etwas wirklich Schwieriges auf Anhieb. Wenn es gelingt, dann ist das Glück. Glück ist großartig, aber man darf sich nicht darauf verlassen. Nein, man wünscht sich verlässliche Prozesse. Beispielsweise Prozesse, bei denen das Lernen Teil des Plans ist. Und Pläne, bei denen man voraussetzt, dass nicht alles nach Plan läuft.

Jason Fagone schrieb das Buch *The Woman Who Smashed Codes* über Elizebeth Smith Friedman, die erste weibliche Kryptoanalytikerin Amerikas. Sie und ihr Mann entschlüsselten Codes, um Nazi-Spione zu enttarnen, und trugen so dazu bei, dass der Zweite Weltkrieg gewonnen werden konnte. In Fagones Buch heißt es: »Sie liebten weiche Bleistifte und große Radiergummis, wobei der Radiergummi genauso viel zum Einsatz kam wie der Bleistift.«

Verstanden? Diese beiden brillanten Kryptoanalytiker gingen von Misserfolgen und Fehlern als Teil des Weges zum Erfolg aus. Und wenn diese von Anfang an erwartet werden und man sich trotzdem einfach weiter durcharbeitet, kann man sie dann wirklich als Misserfolge bezeichnen? Das ergibt kei-

nen Sinn. Das ist kein Scheitern, das ist die Förderung von Fortschritt. Das ist Erfolg!

Also nimm dir einen megadicken Radiergummi und leg los! Aber ich weiß, dass das Scheitern trotz all des eben Gesagten keinen Spaß macht. Doch statt es für einen Rückschlag zu halten, sollten wir es einfach als Arbeit betrachten. Als Teil der Schinderei. Derart, dass man sagt: *Es gibt keinen anderen Weg als den, es zu tun.*

Selbst wenn es sich in dem Moment beschissen anfühlt, wirst du beim nächsten Mal wieder Vollgas geben. Und je häufiger du es tust, desto leichter wird es dir fallen. Ich empfehle dir tatsächlich, so weit zu gehen und Misserfolge zu feiern. Warum? Weil sie Fortschritte markieren. Ich nenne es »vorwärtsscheitern«. Nun, mach für die großen Schritte vorwärts – die wirklich großen Misserfolge, die echten Hämmer! – weiter und lass den Korken einer Flasche Champagner knallen! (Siehe Lektion 15 ab Seite 242.)

Der Bonus! Da du dich jetzt darüber freust, dass du die Misserfolge in deinem Leben anders siehst und die goldenen Chancen, die sie darstellen, erkennen kannst, fühlst du dich nicht nur besser, sondern du bist auch – Achtung! – besser gerüstet, um jedes Bedürfnis nach Perfektionismus oder jede Angst vor Beschämung fallen zu lassen.

Stell dir vor ... keine Angst! Denn wenn du keine Angst vor dem Scheitern hast, probierst du mehr Dinge aus. Und du verbringst weniger Zeit damit, dir über die Perfektionierung der Dinge Sorgen zu machen, das heißt, du hast mehr Zeit, schöpferisch tätig zu sein. Und du verbringst weniger Zeit damit, verängstigt oder gestresst zu sein, und hast mehr Zeit, um Spaß zu haben. Du wirst mit Seelenfrieden weitermachen. Und Seelenfrieden ist eine starke Kraft für Kreativität.

Nutze den folgenden Text, um dein Gehirn umzuprogrammieren, damit es Misserfolge als Chancen und Schritte zum Erfolg betrachtet. Wenn du hinfällst, kein Problem … Steh einfach auf, wisch den Schmutz ab und steige wieder auf diesen strahlenden Pegasus und fliege, fliege, fliege!

Wine-Self-Talk-Text: Vorwärts scheitern

Wenn ich einen Fehler gemacht habe, lerne ich daraus, dann nehme ich meinen großen Radiergummi und radiere ihn weg.

Ich lass gerne Dinge los, die mir nicht mehr nützlich sind. Es erleichtert meine Last. Meine Schritte werden leichter, und ich laufe, laufe, laufe.

Wenn mich eine Straßensperre aufhält, zwinkere ich ihr zu. So arbeite ich am besten und durchbreche jeden Knoten.

Ich nehme eine Kriegerhaltung ein, bereit für alles, was kommt. Ein wissendes Lächeln, ein Zwinkern, und ich lerne jeden Tag noch mehr.

Misserfolge sind Rohdiamanten. Ich grabe nach ihnen, weil ich den Glanz liebe, den sie auf mein Leben werfen.

Probleme sind Teil des aufregenden Spiels des Lebens. Durch jedes Problem werde ich eine bessere und klügere Version meines Selbst.

Ich wachse über meine Vergangenheit hinaus, jeden Tag werde ich stärker, jeden Tag wachse ich, jeden Tag lerne ich. Ich bin spektakulär. Ich wurde für dieses herrliche Leben geboren. Ich bin widerstandsfähig.

Gewitter kommen und gehen, und danach fliege ich über die Regenbogen. Jedes Mal, wenn mir ein Fehler unterläuft, macht er mich auf meinem Gebiet besser.

Ich gehe Problemen nach und löse sie mit Leichtigkeit. Ich liebe mein Leben.

Mein Seelenfrieden ist eine starke und zuverlässige Kraft, die meine Kreativität antreibt.

Liebe ist die Antwort auf alles, ungeachtet des Stolperns, der Ausrutscher oder des Hinfallens. Liebe lässt mich aufrecht stehen. Ich überlebe und gedeihe. Sieh mich an!

Ich bin friedlich. Ich bin gelassen. Ich bin von meinen eigenen glänzenden Fähigkeiten ermutigt.

Ich liebe mein Leben und die Höhen und Tiefen, die mich zu der Person gemacht haben, die ich heute bin. Ich bin eine Schatzkiste voller Erfahrung und Weisheit.

Ich lasse das Bedürfnis los, perfekt zu sein. Ich bin eine Schöpfungsmaschine. Ich mache immer weiter.

Ich bin kühn und mutig. Ich halte immer nach neuen Möglichkeiten Ausschau, Dinge zu tun. Wenn etwas Unerwartetes geschieht, feiere ich das Lernen.

Ich bin ein Kraftwerk der Selbstliebe, und ich kann alles schaffen.

Ich fühle meine Lebendigkeit in jedem Augenblick, in allem, was ich tue. Ich habe in meinen Worten, Gedanken, Taten und Bewegungen geballte Kraft.

Ich brenne für meine Kreativität und schwimme in einem Meer der Inspiration.

Ich bin einzigartig, und auch meine Ideen sind einzigartig. Wir sind alle einzigartig.

Ich suche in jedem Versagen nach goldenen Nuggets der Weisheit. Man kann sie immer finden.

Ich fürchte das Scheitern nicht, weil ich gerne experimentiere, und was immer auch geschieht – ich werde klüger.

Ich klopfe mir selbst auf die Schulter. Ich zeige mir jeden Tag, woraus ich geschaffen bin. Ich bin reich an Liebe und Erfolg.

Ich führe das brillanteste Leben, ein Leben voller schöner Tage und funkelnder Nächte.

Ich bin entspannt. Ich nehme tiefe Atemzüge. Mein Körper fühlt sich gut an. Alles ist gut.

Mein Mut ist stark, und er befeuert meine Siege, egal, wie viele Berge ich erklimme, um sie zu erreichen.

Durch Misserfolge steige ich wie ein Adler in die Wolken auf. Ich erwache mit einem Lächeln. Ich laufe vor Kaskaden der Dankbarkeit für das Leben über.

Hier ist mein bestes Leben. Voller Lektionen und Lernen. Ich bin glücklich. So überaus glücklich.

Kreativitätstipp: Fokussiere dich auf deine Sinne

Wir Menschen sind fühlende, empfindende Wesen. Und wenn wir uns diese Tatsache zunutze machen, öffnet sich uns eine ganz neue Welt. Wenn wir unsere Sinne ausschalten, leiden wir, häufig ohne den Grund zu kennen. Wenn wir sie ignorieren, entgeht uns vieles. Es ist möglich, die Sinne als eine Art von Therapie zu nutzen. Wenn du dich, wann immer du willst, einfach auf deine

Sinne fokussierst, kann dich dies in andere Geisteszustände versetzen. Nimm dir einen Moment Zeit, um dich auf jeden einzelnen deiner Sinne zu fokussieren, auf einen nach dem anderen. Die Menschen neigen dazu, sich auf ihren Sehsinn zu konzentrieren, aber sich zehn Minuten Zeit zu nehmen, um auch auf deine anderen Sinne zu achten, ist eine großartige Möglichkeit, deine Kreativität anzuregen. Versuche beispielsweise, dich mit verbundenen Augen und Ohrstöpseln zum Abendessen hinzusetzen, und konzentriere dich wirklich auf den Geschmack deines Essens und auf seine Textur in deinem Mund. Oder röste ein paar Zwiebeln und genieße den Duft. Iss Eiscreme und spüre die angenehme Kälte auf deiner Zunge. Streiche mit dem Finger über Sandpapier und untersuche die Körnung gründlich. Du wirst verblüfft sein, was dir bis jetzt alles entgangen ist! Wenn du dir Zeit lässt, um jedem deiner Sinne intensiv Aufmerksamkeit zu schenken, wirst du eine ganz neue Welt für die kreative Erforschung entdecken.

Lektion 13

Das Geheimnis
der Langeweile

Einer Periode großer Kreativität
geht immer Langeweile voraus.
Robert M. Pirsig

Stell dir vor, du sitzt ohne Smartphone in einem Zimmer. Es gibt keinen Fernseher, keine Technologie, keine Musik, kein Buch – absolut nichts –, bis auf einen bequemen Sessel und deine Gedanken. Flippst du bei dieser Vorstellung aus?

Wenn du im Zeitalter von Smartphones aufgewachsen bist, könnte dir der Gedanke unangenehm werden, irgendwo ohne dein Handy zu sein. Bei einer Studie der Universität von Virginia waren einige Studenten tatsächlich eher bereit, sich Schocks zu verabreichen – etwa Elektroschocks –, als allein ohne Handy mit ihrer Langeweile zu sein. Klingt verrückt, nicht wahr?

Geht es dir genauso? Falls du dein Handy versehentlich in die Toilette hast fallen lassen und kein Auto zur Verfügung hast, um in einen Laden zu fahren und dir ein neues zu kaufen, und wenn dann noch das Kabel ausfallen würde, sodass du weder deinen Computer nutzen noch fernsehen kannst ... wenn du mit anderen Worten nichts zu tun hät-

test ... würde dich das ein wenig verrückt machen? Klingt die Vorstellung, dass du im Wohnzimmer oder in deiner Küchenecke sitzt und gar nichts zu tun hast, grauenvoll? (Anmerkung: Diese Frage stelle ich nicht jungen Müttern, haha! Ich erinnere mich an Tage, an denen ich meinen linken Fuß hergegeben hätte, nur um abschalten und gegen eine Wand starren zu können.)

Nun, der Grund dafür, dass Langeweile allgemein als unangenehmes Gefühl betrachtet wird, liegt darin, dass wir, wenn wir gelangweilt sind, die Zeit als schmerzhaft langsam verstreichend wahrnehmen. Tatsächlich so schmerzhaft, dass einige der Studenten der Universität von Virginia den körperlichen Schmerz von Elektroschocks vorgezogen hätten.

Früher habe ich immer gedacht, ich würde nie ohne meine Musik oder mein Handy ins Fitnessstudio gehen oder einen Spaziergang unternehmen. Ich würde lieber zu Hause bleiben und an meinem Laptop arbeiten, als dreißig Minuten nur mit meinen Gedanken spazieren zu gehen. Wie langweilig, richtig? Ich verstehe durchaus, weshalb Menschen Langeweile vermeiden wollen.

Aber inzwischen stehe ich der Langeweile ganz anders gegenüber. Heute schlüpfe ich glücklich in meine Laufschuhe und gehe ohne Ablenkung ins Freie. Ohne mein Handy. Weil mir inzwischen klar geworden ist, wie wirksam »Langeweile« sein kann! Es klingt verrückt, ich weiß. Aber glaube mir, dass du mit mehr Langeweile in deinem Leben tatsächlich deine Kreativität steigern kannst. Und jetzt werde ich dir ein kleines Geheimnis verraten.

Antrieb für dein Gehirn

Die meisten Menschen wissen nicht, dass Langeweile – das heißt Zeiten ohne Stimulierung und mit geringer mentaler Aktivität – tatsächlich richtig gut für sie ist. Sie ist eine bestimmte Art der Entspannung, und die ist gut für unser Gehirn. Das heißt nicht, dass du dich nicht zu anderen Zeiten mit einem Buch oder Nickerchen entspannen darfst, aber diese Dinge dienen anderen Zwecken. Es kann für deine Gesundheit und Kreativität unglaublich vorteilhaft sein, wenn du dir bewusst Zeit für Langeweile nimmst.

Bei einem faszinierenden TED-Talk, *Wie Langeweile zu deinen brillantesten Ideen führen kann*, sagte Manoush Zomorodi: »Wenn dir langweilig ist, aktivierst du in deinem Gehirn ein Netzwerk, das Grundeinstellung genannt wird.«

Wenn dieser Autopilotenmodus in deinem Gehirn angestellt wird, ist es ein bisschen so, als würdest du abdriften und mit offenem, nicht fokussiertem Geist chillen. Und das ist sehr gut, wenn es darum geht, unkonventionell zu denken. Das heißt außerhalb der Grenzen, in denen dein normales, fokussierteres und aufgabenorientierteres Gehirn jeden Tag einen großen Teil der Zeit denkt.

In diesem Modus tut dein Gehirn, auch wenn es gelangweilt ist, seltsamerweise einiges. In dieser Zeit wandert dein Geist, und dein Gehirn wird von allein aktiv – obwohl es sich möglicherweise nicht so anfühlt –, und das löst Kreativität aus. Dieser Modus ermöglicht mentale Erkundung, Fantasie und Tagträumerei. Das sind mächtige Fähigkeiten deines Gehirns, und dabei stellt dein Gehirn die meisten neuen und innovativen Verbindungen her. Einige deiner besten Ideen können daraus hervorgehen!

Warum geschieht das, wenn wir gelangweilt sind? Experten glauben, dass das Gehirn, weil die Situation oder Umgebung scheinbar »mangelhaft« (das heißt langweilig) ist, aktiv nach neuen Möglichkeiten sucht, die Langeweile zu überwinden, und daher mit neuen Dingen aufwartet, über das es nachdenken kann. Wie cool!

Warum ist diese Superkraft nicht allgemein bekannt? Warum nutzen wir sie nicht öfter? Einfach gesagt, weil die meisten von uns die meiste Zeit beschäftigt sind. Und wenn wir nicht beschäftigt sind, werden wir leicht abgelenkt, denn unsere Aufmerksamkeit ist von Wert, und Firmen tun fast alles, so viel wie möglich davon zu fesseln. Infolgedessen leben wir in einer Welt, in der das Wischen mit dem Finger sofort in Form von Unterhaltung oder anderer Ablenkung belohnt wird, wie zum Beispiel mit Nachrichten, Skandalmeldungen, Klatsch und dergleichen. Ich meine, wir alle mögen lustige Katzenvideos, nicht wahr? Und während der kurzen Pausen dazwischen werden wir von einem ständigen Strom an Werbung bombardiert.

Aber das Problem ist, dass man in dieser von Technologie beherrschten Medienwelt nur sehr wenige Augenblicke der Stille – einen Mangel an mentaler Stimulation – hat, bis man sie sich aktiv freischaufelt beziehungsweise die Geräte ausschaltet. Deshalb lernen viele von uns nie unseren Geist richtig kennen.

Und wenn man ständig abgelenkt ist, läuft man auch Gefahr für ein hohes Maß an Stress und Angst, weil man sich nicht genug hochwertige Auszeit nimmt. Klar, sich mit einem Buch oder einem guten Film zu entspannen, hilft dir, dich auszuruhen und ein wenig Stress abzubauen, aber wie oben bereits erwähnt, ist das nicht das Gleiche wie sich Zeit zu nehmen, um den Geist wandern zu lassen und zu schauen, womit er ganz von allein aufwartet.

> Einsamkeit ist der beste Freund der Kreativität, und Einsamkeit ist Erfrischung für unsere Seele.
>
> Naomi Judd

Also profitiere von der Langeweile und lockere den Würgegriff um deine Kreativität, indem du etwas Zeit ohne mentale Stimulation verbringst. Greife also das nächste Mal, wenn du ein paar Minuten nichts zu tun hast, nicht nach deinem Handy. Suche dir keine Aufgabe, damit du dich produktiv fühlst. Setze oder stelle dich stattdessen einfach hin und denke an gar nichts. Oder lass deinen Geist wandern. Und wenn du keine fünfzehn Minuten hast, in denen du nichts tust, dann wird es wohl Zeit, das in deinen Tag einzuplanen. Das habe ich getan, bevor es mir zur Gewohnheit wurde. Ich habe mich mit der Langeweile verabredet.

Verabrede dich mit der Langeweile

Als ich erfuhr, dass Langeweile eine unglaubliche Quelle der Kreativität sein kann, spitzte ich die Ohren. Ich meine, mir geht es ständig darum, meine Kreativität zu steigern. Kreativität reduziert Angst, sie macht Spaß, sie befeuert die Karriere und na ja, ganz ehrlich, sie ist eines der bestgehüteten Geheimnisse der Langlebigkeit. Kreative Menschen leben länger.

Deshalb hat mich die Idee ein wenig nervös gemacht. Ich meine ... Langeweile? Ist sie nicht schon laut Definition Zeitverschwendung? Du weißt schon, nichts zu tun? Das passte so gar nicht zu meiner offensiven, höchst aktiven Persönlich-

keit. Ich begutachtete die Forschungsergebnisse etwas skeptisch. Aber was die Neurowissenschaftler sagten, ergab Sinn: Wenn ich mit meinem Gehirn gar nichts tue (auch nicht den kreativen Output anderer Menschen konsumiere, wie etwa Bücher, Fernsehen, Filme oder sogar Musik), dann wird mein Gehirn quasi gezwungen, selbst etwas zu tun. Okay, das ergab Sinn ... das war etwas, dem ich zumindest genug Glauben schenken konnte, um damit zu experimentieren.

Also versuchte ich es.

Ganz ehrlich, ich habe eine Weile gebraucht, um mit dem »Nichtstun« klarzukommen. Ich fragte mich ständig, ob ich kleine Anflüge produktiven Denkens dazwischen schmuggeln sollte – etwa an meine To-do-Liste denken, während ich nichts tat –, aber dann ertappte ich mich dabei. *Hör auf, Kristen! Das macht die ganze Sache zunichte!*

Außerdem war es schwierig, die Gewohnheit zu durchbrechen, bei all den kurzen Pausen im Laufe des Tages nach dem Handy zu greifen. Das tat ich ganz automatisch, dann ertappte ich mich dabei und legte das Handy wieder hin.

Aber ich muss sagen, dass ich mich nach den ersten Erfahrungen, tatsächlich nichts zu tun – Langeweile zu erleben –, wirklich sehr viel besser gefühlt habe. Ich war deutlich entspannter, nicht unentwegt »on«, so wie ich mich immer fühle, wenn mein Blick auf das Handy geheftet ist.

Dann begann mir kurz darauf der Reihe nach genau das zu passieren, wovon die Wissenschaftler berichteten! Ideen begannen mir im Kopf herumzuschwirren. Neue Gedanken! Neue Ideen! Ich wurde ein echter Fan. Ja, Langeweile ist cool.

Du solltest sie also selbst ausprobieren. Mach sie dir zur Gewohnheit, aber lass dein Smartphone zu Hause. Zum Beispiel, wenn du einen Spaziergang machst oder mit dem Hund Gassi gehst. Oder während du im Lebensmittelladen in der Schlange stehst, lass dein Handy in der Tasche und starre ins Leere. Oder wenn du das nächste Mal zur Arbeit fährst, verzichte darauf, das Radio oder einen Podcast einzuschalten. Fahr einfach zum Brummen des Motors als einzige Gesellschaft. Klar, man muss sich daran gewöhnen. Doch je öfter du dir das Vergnügen des Nichtstuns gönnst, desto einfacher wird es wie bei allem, was wir tun.

Und dann warte ab und schau, was passiert. Sei nicht überrascht, wenn Langeweile deine neue beste Freundin wird und wenn du anfängst, immer häufiger bessere, interessantere und kreativere Gedanken zu haben.

Maria Popova schreibt in ihrem beliebten Blog *The Marginalian* (ehemals *Brain Pickings*):»Schaffe dir in deinem Leben Inseln der Stille. Meditiere. Gehe spazieren. Fahre mit dem Fahrrad einfach herum. Das Tagträumen und sogar die Langeweile dienen einem kreativen Zweck. Die besten Ideen fallen uns ein, wenn wir aufhören, die Muse aktiv zu bedrängen, und die Erlebnisfragmente in unserem Unterbewusstsein treiben lassen, bis sie sich zu neuen Kombinationen zusammenfügen.«

Der folgende Text wird dir helfen, gelassen und ohne Schuldgefühle den Raum zu erkunden, den Langeweile für dein Gehirn schafft, damit es seine Flügel ausbreiten und deine Schöpferkraft nutzen kann.

Wine-Self-Talk-Text:
Das Geheimnis der Langeweile

Ich liebe es, wenn mein Geist wandert. Es fühlt sich so entspannend an.

Ich lasse meinem Geist freien Lauf, ohne Beschränkungen, ohne Grenzen oder Vorgaben. Sei frei, Geist! Sei frei!

Tagträumen ist ein wirksames Mittel, um meine Kreativität zu fördern. Es hilft meinem Geist, neue Verbindungen herzustellen und mit neuen Ideen aufzuwarten.

Wenn ich mich langweile, löse ich Probleme und finde Antworten. Langeweile ist eine meiner Superkräfte.

Mein Geist wandert fröhlich durch den Raum der Leere. Ohne Endziel, ohne Endergebnis, einfach nur wandern, entspannen und erforschen.

Ich bin entspannt. Ich bin gelassen.
Ich lebe mein bestes Leben.

Mein Leben ist ein kreatives Märchenland der Abenteuer und Versprechen. Ich nehme das alles, Schritt für Schritt, locker und leicht, und ich habe jede Menge Zeit, all das zu tun, was ich tun will.

Meine Selbstliebe kurbelt meine Kreativität an. Es lohnt sich, meinem Geist Zeit zum Spielen zu lassen.

Ich bin es wert, mir Zeit für Langeweile zu nehmen. Um ohne Smartphone oder Ablenkungen zu chillen.
Lauf, wunderbarer Geist und amüsiere dich!

Ich liebe es, Langeweile zu haben. Das regt zu allen möglichen neuen Ideen, klugen Lösungen und einzigartigen Verknüpfungen an.

Ich bin glücklich, wenn ich meinem Geist und meinem Körper den Raum und die Freiheit lasse, selbst zu erforschen und zu tüfteln.

Langeweile fühlt sich für meinen Geist wie seidige Liebkosung an. Ich bin entspannt, und ich liebe diese besondere freie Zeit mit meinem Geist.

Ich bin von meiner eigenen ruhigen Kraft berührt, die durch mich aufsteigt. Ich bin würdig. So unglaublich würdig.

Ich lasse meinem Geist freien Lauf. Ich nehme ihn mit auf Wanderungen voller Spielvergnügen, Sternenstaub und Weltraum. Mein Leben ist fantastisch.

Mir Zeit für Langeweile zu nehmen, ist ein Akt der Selbstfürsorge. Meine Liebe zu mir schimmert unter meiner Haut. Das ist MEINE Zeit.

Ich gleite durch meinen Tag, mühelos, mir kommt es vor, als würde ich auf Wolken der Liebe schweben.

Ich freue mich darauf, meinem Geist Zeit zu geben, sich zu entspannen. Langeweile ist einfach. Sie fühlt sich gut und richtig an.

Ich heiße die Langeweile in meinem Tag willkommen. Ich entwickle die unglaublichsten Ideen, wenn ich mir einfach Zeit nehme, nichts zu tun.

Kreativitätstipp: Mach etwas anderes

Wenn du an einem Projekt arbeitest, geben dir Pausen die Chance, deinen Geist zu erfrischen und wieder aufzuladen. Wenn du danach zu deinem Projekt zurückkehrst, hast du mehr Kreativität und Energie. Genau das tue ich ganz besonders gern, wenn ich an einem Buch arbeite. Am Ende einer Szene oder eines Kapitels stehe ich auf und entferne mich von meinem Schreibtisch, um etwas anderes zu tun. Auch wenn ich genau weiß, was ich als Nächstes schreiben werde, stehe ich auf und beschäftige mich anderweitig.

Künstler und Experten haben das seit Jahrtausenden in dem Wissen getan, dass kurze Pausen häufig die Kreativität fördern. Deshalb unterbreche ich, wenn ich an dem Tag Telefonate führen muss, das Schreiben mitten im Kapitel und mache einen der Anrufe. Oder ich gehe ins Bad oder lasse die Hunde raus oder hole mir etwas zu essen oder mache mir eine frische Tasse Kaffee. Entscheidend ist, die Arbeit zu unterbrechen. Mach eine Pause und kehre dann erfrischt an die Arbeit zurück! Das funktioniert immer.

Lektion 14

Humor und Kreativität

Worin besteht der Unterschied zwischen
einem schlecht gekleideten Mann auf einem Einrad
und einem gut gekleideten auf einem Zweirad?
In der Kleidung.
Unbekannt

Lachen ist für vieles gut, aber wusstest du, dass ein Zusammenhang zwischen Humor und Kreativität besteht? Tatsächlich denken wir häufiger kreativ, wenn wir mehr Humor haben. Auf Psychology.com heißt es: »Forschungen haben ergeben, dass Menschen in besserer Stimmung mehr Heureka-Momente und mehr Inspiration erleben.« Junge, Junge, das trifft tatsächlich auf mich zu. Wenn ich wirklich in Fahrt bin, mich halb totlache, fange ich an, alle möglichen verrückten Dinge auszuspucken. Und das ist gut. Das bedeutet Kreativität!

Lachen: Eine wirksame Erfahrung

Wir lachen aus unterschiedlichen Gründen. Humor hängt häufig mit einer Art von Fehler zusammen; man denke an

das Ausrutschen auf der Bananenschale oder an urkomische Missverständnisse in Sitcoms. Und das ist einer der Hauptgründe, weshalb Humor für deine Kreativität nützlich sein kann. Wenn du über einen Fehler lachen kannst, wirst du zuversichtlicher und offener, Chancen zu ergreifen. Mit dieser Einstellung hast du keine Angst, Fehler zu machen, und das ermöglicht dir, kreativer zu sein, weil du bereit bist, zu experimentieren und nach Verbindungen zwischen weit hergeholten Ideen zu suchen.

Allzu oft scheuen wir davor zurück, Risiken einzugehen, nicht aus Angst vor Nachteilen, sondern aus Angst vor der Blamage. Wenn man eine Einstellung der Leichtigkeit kultivieren und die Dinge einfach abtun kann, wird man in seinen Bemühungen unbeschwerter und insgesamt besser dran sein. Wenn ich einen Fehler mache, sage ich mir, um mich selbst zu motivieren und aufzumuntern, gewöhnlich den berühmten Satz: *Eines Tages werde ich darüber lachen.* Und ist das nicht wirklich oft der Fall? Ist es nicht interessant, dass etwas, was wir in dem Moment als schlecht wahrnehmen, in der Zukunft eine lustige Geschichte sein kann? Warum ist das so?

Entscheidend ist die Perspektive. Die sich mit der Zeit verändert. Warum soll man sich nicht in der Gegenwart daran erinnern? Man muss nicht auf die Zukunft warten, um Weisheit zu üben.

Also erinnere dich beim nächsten Mal daran, wenn du einen Fehler machst oder einen sagenhaften Misserfolg hinlegst. So ermuntert der Humor weiterhin dazu, Risiken einzugehen. Er gestattet dir, trottelig und schrullig zu sein. Viele der besten Ideen scheinen ein wenig verrückt zu sein, erinnerst du dich? Wenn etwas offenkundig wäre, würde jeder es bereits tun.

Sobald man sich auf das Verrückte und Skurrile einlässt, werden Barrieren wie Konventionen oder alte Gewohnheiten durchbrochen, um den Kopf frei zu bekommen für einen neuen Ansatz oder ein neues kreatives Projekt. Wenn du dich frei fühlst, Fehler zu machen, wirst du dich wahrscheinlich eher einfach darauf stürzen und mit der Arbeit beginnen. Und das ist immer besser, als nichts zu tun.

> Meine Mutter wollte uns begreiflich machen, dass die Lebenstragödien das Potenzial besitzen, eines Tages lustige Geschichten zu werden.
>
> Nora Ephron

Eine andere Form des Humors wird »befreiende Komik« genannt, das ist Humor, der Spannung löst, wenn die Anspannung oder Furcht übergroß ist. Diese Art von Humor ist ein großartiges Mittel, wenn du deprimiert bist, wenn du den Mut verlierst oder dich wie in einem Hamsterrad fühlst und dir immer wieder die gleichen Dinge durch den Kopf gehen. Oder wenn du dich vor Angst angespannt fühlst. Es kann dich aus dieser riesigen Endlosschleife holen, wenn du dir Zeit nimmst, einfach Witze zu lesen oder dir online etwas Lustiges anzuschauen, vielleicht etwas über Katzen und Gurken (google danach ... hahaha).

Humor ist hervorragend, um mehr geistigen Raum zu schaffen, um das Absperrband aus deinem Kopf zu entfernen und um leichter auf Lösungen zu kommen oder neue Verbindungen herzustellen.

Wenn du Humor hast, bist du, wie du dir vorstellen kannst, entspannter. Und die zunehmende Entspannung hilft deinem Gehirn, bessere Verknüpfungen herzustellen. Mit ande-

ren Worten, deine Kreativität zu steigern. Es ist viel leichter, großartige Arbeit zu leisten, wenn man weniger gestresst ist.

Bei einer Studie der Northwestern University untersuchten Forscher zwei Teilnehmergruppen. Eine Gruppe schaute sich eine Komödie an, die andere einen Horrorfilm. Nach den Filmen mussten beide Gruppen ein Wortassoziationsrätsel lösen. Und rate mal ... die Gruppe, die sich die Komödie angeschaut hatte, war bei der Lösung der Aufgabe kreativer!

Neurowissenschaftler haben durch EEGs (Elektroenzephalografien) herausgefunden, dass Humor und Lachen komplexe kognitive Funktionen sind, die das gesamte Gehirn aufhellen, sowohl die linke als auch die rechte Gehirnhälfte. Und beide spielen bei der Verarbeitung von Humor eine Rolle.

Stell dir dein Gehirn wie einen Weihnachtsbaum vor, an dem überall blinkende Lichter hängen. Diese blinkenden Lichter sind wie das Lachen, das durch einen Kreislauf erzeugt wird, welcher durch viele Areale deines Gehirns führt (den Weihnachtsbaum). Deshalb glauben Experten, dass Humor das Lernen und die Kreativität fördert – durch die gleichzeitige Stimulation vieler Areale in beiden Gehirnhälften. So gesehen sind »Verbindungen« nicht nur metaphorisch; es handelt sich buchstäblich um Verbindungen zwischen verschiedenen Bereichen deines Gehirns, in denen unterschiedliche Denkmuster ablaufen und Wissen gespeichert ist.

Außerdem entwickelt Humor deine Fähigkeit des divergenten Denkens, das heißt des Kreuz- und Querdenkens deines Gehirns – im Gegensatz zum gradlinigen, konventionellen Denken. Divergentes Denken ist für viele Arten von Humor ausschlaggebend, und es vollführt für die Kreativität wahre

Wunder. Es ist die Quelle dessen, was man Exaptation nennt, und was bedeutet, dass man Dinge für etwas anderes als ihren eigentlichen Zweck nutzt. Das geschieht in der Natur, zum Beispiel damals, als Dinosaurier frühe Formen von Federn zum Warmhalten entwickelten und einige der Dinosaurier diese Federn zu Flügeln zweckentfremdeten, was letztlich zum Flug der Vögel führte, den wir heute sehen.

Viele moderne Firmen werben mit ihren genialen Erfindungen, die aber lediglich Zweckentfremdungen alter Technologien sind und nun auf neue Arten genutzt werden. Zum Beispiel Daten digital über Telefonleitungen zu senden, die ursprünglich entwickelt wurden, um die Stimmen der Leute zu übertragen. Oder man denke an die Ingenieure, die an einem Tintenstrahldrucker herumtüftelten, bis er anstelle von Tinte geschmolzenes Plastik herausspritzte, und die damit die ganze neue Industrie des 3D-Drucks erfanden!

Diese Art von Hacking-Fähigkeit ist bei den innovativsten Firmen der Welt sehr gefragt. Tatsächlich wird bei einer Standardform des Vorstellungsgesprächs vieler solcher Unternehmen dem Bewerber/der Bewerberin ein normaler Gegenstand ausgehändigt, wie zum Beispiel ein Stift, und dann wird er oder sie aufgefordert, zehn Dinge zu nennen, die er oder sie abgesehen vom Schreiben mit dem Stift anfangen könnte. Und siehe da ... Viele der Antworten sind letzten Endes lustig. Denn die besten Antworten werden häufig absurd, clever und exzentrisch sein. Und rate mal? Das ist dann der Bewerber bzw. die Bewerberin, der oder die eingestellt wird!

Mehr Lachen bedeutet mehr Wohlstand

Lachen ist energiespendend, und das spielt bei der Kreativität eine große Rolle. Wenn ich lache, werde ich energetisiert, und das versetzt mich in eine großartige Denkweise, um meine Ziele zu erreichen und meine Träume zu verwirklichen. Ich habe das Lachen geistig mit mehr Erfolg und Reichtum verknüpft, und diese Perspektive ist nicht ungewöhnlich. Laut der Zeitschrift *Psychology Today* wurde bei einer Studie des McCelland Centre for Research and Innovation die Vergütung von Führungskräften untersucht und ein direkter Zusammenhang zwischen Humor und Höhe der Vergütung festgestellt. Je lustiger die Führungskräfte waren, desto mehr verdienten sie!

Falls du eine Führungskraft, eine Teamleiterin oder Unternehmerin bist, kann die Ermunterung zum Lachen eine großartige Übung für die Teambildung sein und durch die Schaffung einer spaßigen Atmosphäre zur Verbesserung der Firmenkultur beitragen. Das liegt daran, dass in der Regel Menschen, die sich vertrauen, miteinander lachen, und Vertrauensaufbau kurbelt die Produktivität und die Arbeitnehmerzufriedenheit an.

Sei gut gelaunt!

Es stellt sich heraus, dass Traurigkeit die Entwicklung neuer Ideen hemmt. Hm, das überrascht nicht. Wenn man traurig ist, ist man weniger in der Lage, Chancen und Potenzial zu erkennen. Und selbst wenn man sie erkennt, ist man weniger motiviert und geneigt, aktiv zu werden.

Aber die gute Nachricht ist, dass auch das Gegenteil zutrifft! Die Forscher der Northwestern University fanden heraus, dass ein Zusammenhang zwischen kreativen Erkenntnissen und verstärkter Aktivität in einem Areal des Gehirns besteht, der *anteriorer cingulärer Cortex* (ACC) genannt wird. Gut gelaunte Menschen zeigten bei einer funktionellen Magnetresonanztomographie vor der Lösung einer Reihe von Problemen eine verstärkte ACC-Aktivität, und das half nach Meinung der Forscher den Probanden, Lösungen für die Probleme zu finden.

Bei anderen Untersuchungen, die diese Ergebnisse untermauern, fällt es Menschen, wenn sie glücklich sind, leichter, einzigartige Wortassoziationen zu bilden und mit Ideen für Geschichten aufzuwarten, und sie schneiden bei der Lösung moralischer Dilemmata besser ab. Das alles, weil man gut gelaunt ist!

Zum Glück gibt es eine fantastische Methode, um deiner Stimmung zu himmlischer Zufriedenheit zu verhelfen, nämlich Selbstgespräche!

Fröhlichkeit hilft sogar Ärzten. Shawn Achor beschreibt in seinem Buch *Das Happiness-Prinzip*, dass Ärzte, die in gute Stimmung versetzt wurden, bevor sie ihre Diagnosen stellten, fast dreimal bessere diagnostische Fähigkeiten und Kreativität aufwiesen als Ärzte in neutralem Zustand. Und das Tempo der korrekten Diagnosen nahm zu. Ich meine ... Wie zum Teufel? Nun, es stellt sich heraus, dass unser Gehirn so programmiert ist, dass es die beste Leistung erbringt, wenn wir glücklich sind und nicht, wenn wir negativ oder auch nur neutral gestimmt sind. (Expertentipp: Kümmere dich das nächste Mal, wenn du eine Operation vor dir hast, darum, dass dein Arzt gut gelaunt ist!)

Sorge für mehr Humor in deinem Leben

Falls du nicht jeden Tag ein bisschen lachst, solltest du einmal deine Umgebung und deine Freizeitaktivitäten überprüfen. Gibt es Bereiche, die du verbessern kannst?

Du könntest damit beginnen, dass du dir mehr Komödien anschaust, einen E-Mail-Newsletter für einen Witz pro Tag abonnierst, dir auf YouTube urkomische Videos anschaust, einen Kurs für Improvisation belegst oder mehr Zeit mit Menschen verbringst, von denen du weißt, dass sie lustig sind. (Und falls du auf Partnersuche bist, achte darauf, Sinn für Humor ganz oben auf die Anforderungsliste zu setzen! Es gibt wahrscheinlich keinen besseren Weg, deine Tage und Jahre zu verbringen, als mit einem Partner, der dich zum Lachen bringt!)

Wenn du *Auf einen Kaffee mit dir selbst* oder *Bettgeflüster für die Seele* gelesen hast, weißt du, dass ich meinen täglichen Konsum der sozialen Medien deutlich reduziert habe, und zwar mit der bewussten Strategie, mein Gehirn und mein magisches Leben vor sinnloser Toxizität zu schützen. Das heißt, ich lege Wert darauf, auf Twitter superlustigen Leuten zu folgen. Frag meinen Mann ... wenn er mich laut lachen hört und mir vor lauter Lachen buchstäblich die Tränen über die Wangen laufen, liegt es hundertprozentig an etwas, was mich über mein Twitter-Feed erreicht hat!

Der folgende Text wird dir helfen, für mehr Humor in deinem Leben zu sorgen und deine Schöpferkraft mit Freude und Spaß an der Sache zu nutzen.

Wine-Self-Talk-Text: Humor und Kreativität

Ich liebe es, lustig zu sein! Ich habe das Talent, das Lustige im Leben zu sehen.

Lachen ist eine meiner bevorzugten Methoden, mich zu entspannen.

Ich liebe Humor, und Humor liebt mich.

Wenn ich einen Fehler mache, lache ich darüber. Das bewahrt mir meine gute Stimmung und lässt mich mit dem Kreativitätszug dahinsausen.

Je mehr ich über Dinge lache, desto leichter wird es, noch mehr zu lachen.

Indem ich meinen Humor verfeinere, trainiere ich mein Gehirn, in unerwartete Richtungen zu denken, was mir hilft, ein fantastisches, kreatives Leben zu führen.

Wenn ich glücklich bin und lache, habe ich unglaublich ausgefallene Ideen.

Meine Positivität wirkt ansteckend. Wenn ich andere Menschen zum Lachen bringe, vertrauen wir einander noch mehr.

Wenn ich vor lauter Kichern Bauchschmerzen bekomme, lächle ich umso mehr.

Kichern! Hihi! Haha! Hihihi!

Humor findet man überall. Wir alle haben ein Leben voller Lachen verdient.

Ich liebe es, Tränen zu lachen, mir vor Lachen den Bauch zu halten, zu prusten und zu wiehern. Lachen hält die Welt tatsächlich in Schwung.

Je mehr ich lache und gluckse, desto kreativer bin ich.

Ich umgebe mich mit lustigen, liebevollen Menschen, und wir haben eine großartige Zeit. Jeder hat Lächeln, Lachen und Liebe verdient.

Witze zu reißen ist meine Spezialität. Der falsche Einsatz von Requisiten führt zu Humor und Inspiration. Wortspiele sind perfekt, um der Sprache unbeschwerten Spaß zu verleihen und anders und innovativ zu denken.

Ich treffe ständig lustige Menschen. So viele, dass ich manchmal den ganzen Tag lache.

Ich lache und lache und lache, und dann lache ich noch mehr. Hahahaha!

Ich brülle und schüttele mich vor Lachen, albern und ausgelassen. Das hebt die Stimmung im Raum und schafft in meinem Geist Platz. Ich bin ein kreatives Genie.

Weil ich die Dinge um mich her aus verschiedenen Blickwinkeln betrachte und sowohl meine linke als auch meine rechte Gehirnhälfte nutze, bleibe ich unverwechselbar, frisch und innovativ.

Ich erlebe Heureka-Momente! Sie lodern in meinem Geist. Ich bin ständig inspiriert, mein bestes Selbst zu sein und mein bestes Leben zu führen.

Wenn ich lache, weiß ich, dass mein ganzes Gehirn leuchtet wie Sternschnuppen am Nachthimmel.

Und es stellt Verbindungen her.

Neuheiten werden geboren.

Ich fühle mich so lebendig! Zoom! Bam! Et voilà!

Kreativitätstipp:
Mach dich auf, anderen zu helfen

Ryan Holiday, Autor von *Dein Ego ist dein Feind*, schreibt über etwas, was er als die Leinwandstrategie bezeichnet, bei der man »eine Leinwand kreiert«, auf der andere Menschen (metaphorisch) Kunst schaffen können. Indem man anderen diesen kreativen Raum bietet, lässt man sie gut aussehen, während man unterdessen Wissen, Expertise und Einfluss hinzugewinnt. Als ich das zum ersten Mal las, schien es mir ein großartiger Tipp zur Förderung von Kreativität zu sein. Holiday schreibt: »Stellen Sie sich vor, Sie würden sich für jede Person, die Sie kennengelernt haben, eine Möglichkeit ausdenken, wie Sie ihr helfen könnten. Und Sie würden das in einer Weise tun, von der nur die andere Person profitieren würde, nicht Sie selbst. Der Kumulationseffekt, den dies mit der Zeit haben würde, wäre tiefgreifend: Sie würden durch das Lösen verschiedener Probleme eine Menge lernen. Sie würden in dem Ruf stehen, unverzichtbar zu sein. Sie würden zahlreiche neue Beziehungen knüpfen.« Das ist eine brillante Methode, in deinem Geist neue Verbindungen herzustellen und Kreativität anzuregen. Es ist eine Erfahrung, die dich mit reichlich Material ausstattet, um deinen Problemlösungsmuskel zu stärken, um deinen »Muskel für neue Ideen« zu dehnen und dich dabei die ganze Zeit gut zu fühlen, weil du anderen hilfst.

Lektion 15

Champagner Self-Talk: Feiere deine einmalige Kreativität

Man muss noch Chaos in sich haben,
um einen tanzenden Stern gebären zu können.
Friedrich Nietzsche

Es ist Zeit zu feiern! Genau! Du bist bei der letzten Lektion für die Nutzung deines angeborenen Genies mithilfe des Wine Self-Talk angekommen. Gratulation! Das ist definitiv ein Grund zum Feiern. Heute werden wir etwas sehr Lustiges tun: Ersetze den Wein, den du während des Rituals schlürfst, durch Champagner! Warum?

Weil Champagner erstens Spaß bedeutet und weil er zweitens die perfekte Möglichkeit darstellt, die emotionale Empfindung der Feier zu verstärken.

Die Bedeutung von Feiern

Warum ist das Feiern wichtig? Weil es deinen Geist und dein Herz darauf fokussiert, dass der Moment ein besonderer ist. Es ruft einfach dadurch, dass es deine Aufmerksamkeit auf etwas lenkt, was ansonsten vielleicht unbemerkt geblieben wäre, so etwas wie funkelnde Magie hervor. Und man sagt: Hey, das ist wichtig genug, um gefeiert zu werden.

Wenn du etwas feierst, machst du es zu etwas Besonderem. So kannst du alles in etwas Außergewöhnliches verwandeln. Feiern können groß ausfallen, zum Beispiel mit einer Party oder indem du dich mit einem tollen Urlaub oder einem Wochenendtrip belohnst. Feiern können mittelgroß sein, wenn man sich etwa einen Nachmittag freinimmt oder shoppen geht. Sie können jedoch auch winzige, aber bemerkenswerte Mikro-Feiern sein, wie zum Beispiel ein Glas Champagner zu trinken, einen Toast auszubringen oder einfach in einem privaten Moment zu denken: *Gratuliere! Gut gemacht.*

Das bringt mich zu meinem ersten Punkt: Beginne, bei jedem Aspekt deines Lebens alles zu feiern, sei es groß oder klein. Feiere es, wenn du ein Kapitel in einem Buch fertig gelesen hast. Und dann feiere es, wenn das ganze Buch fertig ist. Feiere es, wenn du an einem geschäftigen Tag ins Fitnessstudio gehst. Feiere es, wenn du gut geschlafen hast. Feiere es, dass du dir Zeit für deine Selbstgespräche nimmst.

Feiere das alles!

Vielleicht hätte ich dieses Kapitel an den Anfang setzen sollen, haha ... Dann hättest du jedes Kapitel bereits gefeiert!

Feiern ist eine spezielle Form der Dankbarkeit. Es ist sehr wirkungsvoll und ein nicht ausreichend genutztes Mittel im Erfolgswerkzeugkasten, der uns allen jederzeit zur Verfügung steht. Feiern verlieren nicht ihren Reiz, auch wenn du fast alles feierst. Wenn überhaupt, dann geschieht genau das Gegenteil ... Es führt dazu, dass du in Fahrt kommst und die anregende, hochschwingende Energie den ganzen Tag über anhält. Noch mehr High-Fives. Noch mehr Lächeln. Und mehr Gründe zu feiern, weil du anfängst, sie öfter zu bemerken.

Und was bedeutet das nun für dich?

Mehr Spaß. Weniger Sorgen. Mehr Kreativität. Besseres Manifestieren. Mehr Magie.

Feiern kann ganz einfach sein. Es verlangt nicht, viel Geld auszugeben oder besondere Leckerbissen zu essen. Zumindest nicht jedes Mal. Aber fühle dich frei, für die großen Sachen verschwenderisch Geld auszugeben. Ach, und trotz der Anleitungen in diesem Text gehört zum Feiern natürlich nicht notwendigerweise Champagner. Doch ich denke, wir sind alle der Meinung, dass es wirklich Spaß macht, von Zeit zu Zeit Champagner zu genießen!

Feiern kann auch einfach heißen, durchs Haus zu tanzen. Es kann in High-Fives bestehen. Oder in großen, herzlichen Umarmungen. Die Feier kann darin bestehen, dass du dir eine Auszeit nimmst und dir selbst eine zusätzliche Pause gönnst, um etwas Lustiges oder Entspannendes zu tun. Feiern kann man auf ganz unterschiedliche Weise, und das Leben ist viel magischer, wenn du so gut wie alles, was du tust, feierst.

Lass uns also mehr von dieser Magie in unser Leben holen, indem wir jetzt, auf der Stelle, beschließen, mehr Dinge und öfter zu feiern. Nimm dir einen Augenblick Zeit und denke an Dinge, die du jede Woche tust. Du bereitest eine Mahlzeit zu? Du rufst eine Freundin an? Du treibst Sport? Du machst bei irgendetwas Fortschritte? Wenn du diese Dinge erreicht hast, dann solltest du sie auf irgendeine Weise feiern. Gewöhne dir an, alles zu feiern. Selbst wenn die Dinge nicht wie geplant laufen, gibt es immer einen Silberstreif am Horizont, und feiere auch den.

Visualisierung der Feier für deinen kreativen Erfolg

Ich habe eine weitere aufregende Art zu feiern: Ich feiere nämlich die Manifestierung und die Tatsache, dass ich meine Träume verwirkliche.

Ich verwende den Begriff Visualisierung, um »Visionen für meine Zukunft zu entwickeln«, wozu unter anderem die Visualisierung mit starker emotionaler Komponente gehört. Mit anderen Worten: Wenn du visualisierst, musst du Gefühle wahrnehmen, nicht nur die Bilder sehen.

Wenn ich mir meinen zukünftigen Erfolg in Bezug auf Kreativität vor Augen führe und »visualisiere«, schließe ich die Augen und stelle mir, um die emotionale Wirkung zu erhöhen, vor, wie andere Leute meinen Erfolg mit mir feiern. Ich male mir aus, wie Freunde oder Familienmitglieder mir gegenüber am Esstisch sitzen, mir gratulieren, mir mit ihrem Champagnerglas zuprosten, weil ich etwas Kreatives geschafft habe, zum Beispiel etwas erfunden oder ein neues Buch geschrieben habe.

Ich stelle mir vor, wie ich mich bei der Feier meiner kreativen Bemühungen fühlen würde. Ich sehe es vor meinem geistigen Auge. Ich nehme die guten Gefühle wahr, die die Feier begleiten würden. Ich schmecke den Rosé-Champagner und male mir aus, wie die Perlen auf meiner Zunge kribbeln. Ich höre, was die Leute zu mir sagen würden: »Glückwunsch, Kristen! Du hast es geschafft!« Rundum High-Fives und fröhliches Lachen im ganzen Raum – im Geiste bildhaft vorgestellt.

Ich liebe es, das auch abends zu tun, während ich in den Schlaf drifte. Oder vor einem Nickerchen. Ich denke mir eine Geschichte aus, stelle mir die Szene vor und werde bei den Details sehr konkret: das Zimmer, das Dekor, die Leute, die Stühle, auf denen wir sitzen. Eine meiner bevorzugten Szenen ist, dass meine Mutter mir auf ihrem beigefarbenen kleinen Sofa gegenübersitzt und mir für eine Leistung gratuliert, die mit irgendeinem Ziel, an dem ich gerade arbeite, zusammenhängt.

Ich lasse die ganze Szene vor meinem inneren Auge ablaufen. Sie sitzt da mit ihrem hohen blonden Pferdeschwanz, der mit einem Leopardenschal zusammengebunden ist. Ihr Make-up ist makellos. »Kristen!«, sagt sie strahlend. »Glückwunsch! Mein Gott, du hast es geschafft. Ich freue mich so für dich!« Wir umarmen uns lange und fest. Dann breitet sich ein rührseliges, breites Lächeln auf meinem Gesicht aus, und ich sage zu ihr: »Ja! Danke! Ich habe es geschafft!« Und ich strecke die Siegerfaust in die Luft. (Das tue ich wirklich; ich stelle es mir nicht nur vor.)

Als ich diese kleine Übung zum ersten Mal machte, wohnten wir in unserem winzigen Appartement in Italien, und wir waren hochverschuldet. Ich malte mir aus, wie mein Leben aussehen würde, sobald ich finanziell erfolgreich wäre und wir die Schulden abbezahlen könnten. Ich konzentrierte mich vor allem darauf, wie ich mich in einer solchen Situation fühlen würde. Ich dachte nicht an die finanziellen Details oder an die Art meines Erfolgs. Das ist wichtig, weil ich noch keinen wirklichen Plan hatte, ich wusste nicht genau, wie wir je finanziell erfolgreich sein würden, aber ich glaubte daran. Ich erlebte es gefühlsmäßig. Und es fühlte sich so real an!

Deshalb war ich trotz der Umstände vor Aufregung ganz aus dem Häuschen wegen all der Chancen, die uns, wie ich glaubte, irgendwie in den Schoß fallen würden. Und an vielen Abenden schlief ich mit der Vorstellung des Szenarios ein, wie meine Mutter und ich meinen Erfolg feiern.

Die ersten paar Male war es etwas sonderbar, wenn ich das tat. Ich hatte den Eindruck, als würde ich aus der Ferne beobachten, wie sich die Szene abspielte, wie eine außerkörperliche Erfahrung oder als würde ich sie wie einen Film auf einer Leinwand sehen. Aber nach ein paar Mal begann es tatsächlich, sich instinktiv real anzufühlen, und das war das Entscheidende. Es verstärkte meine Emotionen, und das führte dazu, dass ich wirklich daran glaubte. Es veranlasste mich, ernsthaft zu erwarten, dass sich diese Vision in der Zukunft bewahrheiten würde.

Etwa ein Jahr danach wurde es tatsächlich wahr. Fast genau diese Szene! (Meine Mutter trug allerdings nicht den Leopardenschal, und wir saßen auf anderen Stühlen.) Wir besuchten meine Mutter in Arizona, und sie gratulierte mir zu meinem Erfolg mit meinem Buch *Auf einen Kaffee mit dir selbst*, das ein Bestseller geworden war. Während sie dasaß und mir gratulierte – im wahren Leben –, war die Ähnlichkeit der Szene mit meiner Visualisierung geradezu unheimlich. Es fühlte sich an wie ein Déjà-vu.

Bei der Visualisierung ist es wichtig, sich die Details auszumalen. So viele Details wie nur möglich. Und vor allem, die

Emotionen zu spüren. Das wird dein Herz und deinen Geist in Einklang bringen, damit sie in die gleiche Richtung ziehen.

Insbesondere wenn dir noch nicht wirklich klar ist, welchen Weg du einschlagen sollst – wenn du noch keinen Plan oder dich noch nicht für eine Vorgehensweise entschieden hast –, dann mach dir um die taktischen Details keine Sorgen. Konzentriere dich einfach auf die Emotionen.

Leg los und probiere es aus! Stell dir vor, wie die Leute dir zu deinem Erfolg gratulieren, selbst wenn du noch gar nicht weißt, wozu sie dir gratulieren. Versuche, die Energie im Raum zu spüren, die Freude, die Wärme, die Liebe und Bewunderung. Und achte darauf, dir das Geräusch der klirrenden Gläser vorzustellen!

Möchte jemand Champagner Self-Talk?

Und wenn du zu deinem Wine Self-Talk normalerweise Wein trinkst, dann überlege, ob du für deinen feierlichen Wine Self-Talk auf Schampus umsteigen möchtest. (Du kannst auch etwas Mineralwasser in deinen Wein geben.)

Champagner, Prosecco, perlender Apfelcidre oder sogar Mineralwasser – sie alle können dem Ritual ein Perlen, Leichtigkeit und Feierlichkeit verleihen, dich sofort in den Feiermodus versetzen und den Grundstein für viele zukünftige Feiern legen.

Champagner-Self-Talk-Text: Feiere deine einmalige Kreativität

Ich bin wahnsinnig glücklich. Ich hüpfe vor Freude. Warum? Weil ich es kann. Ja, weil ich es kann.

JUHU! Ich springe wie ein Korken aus einer Flasche Rosé-Champagner. Plopp!

Champagner! Ich proste mir zu. Ich proste auf mein Leben. Ich stoße auf meine Errungenschaften an. Die Perlen in meinem Mund, sie tanzen auf meiner Zunge, sie feuern mich an.

Ich spüre das Feuer, das in meinem Inneren brennt und mich erhellt. Ich stehe in meiner Blüte. Heller, heller, heller! Jetzt geht's los!

Mein Geist schwingt sich in die Höhe, meine Kraft ist bereit, aus mir herauszubrechen. Ich stehe stolz vor der Welt. Ich feiere mich!

Ich breite die Arme aus. Ich umarme mich selbst. Ich lächle. Ich entspanne mich. Ich feiere mein Leben!

Schillern, Beleuchtung, ein schimmernder Schein. Das ist die Energie, die ich von meinem felsenfesten Fundament der Liebe und Würdigkeit ausstrahle. Ich bin schön. Ich feiere mich.

Mein Leben ist ein heller, glitzernder Edelstein, weil ich es dazu mache. Ich habe beschlossen, mit allem glücklich zu sein, eine Sternschnuppe. Ich fühle mich so fantastisch, so lebendig! YEAHH!

Ich spreche einen Toast auf mich selbst aus, mein Blut funkelt, als wäre es mit perlendem Champagner versetzt. Es hebt mich immer weiter empor.

Ich bin siegreich. Jetzt erkenne ich es. Ich fühle es in meinem Inneren. Es ist Teil von mir und feiert.

Ich schreite durch mein neues Leben, feiere alles, gehe durch glitzernde Diamanttüren der Liebe und Chancen, frisch, hell und funkelnd.

Ich bin eine Gewinnerin/ein Gewinner. Ich stehe wie ein Champion auf der Höhe meines Lebens, an der Spitze meiner Welt. Ich hole es mir, ich hole mir das Gold, mein Herz, das mich für immer liebt.

Konfetti, Glitzer und Champagnerkorken fliegen überall herum. Ich wache jeden Morgen auf und stelle mir all die wunderbaren Dinge vor, die es zu feiern gilt.

Ich liebe es zu feiern. Das Feiern liebt mich!

Ich schwärme für mein Leben.

Ich bin es wert, ein Leben voller Feiern zu leben. Wir sind es alle wert.

Ich erlebe heute Freude. Jede Menge wunderbarer Freude.

Die Farben meines Himmels sind unbegrenzt, und sie erhellen mich, funkeln hoch, hoch, hoch. Ich bin fantastisch. Ich bin Liebe.

Es ist ein großartiger Tag, um mein bestes Leben zu leben. Es ist immer ein großartiger Tag zum Feiern. Gleich hier. Gleich jetzt.

Ich bin auf Feiern und Erfolg eingestellt.

Kreativitätstipp:
Nimm eine neue Herausforderung an

Erstelle eine Liste von Möglichkeiten, wie du deine Kreativität herausfordern kannst, indem du Dinge tust, die du nie zuvor getan hast. Oder Dinge, die du lange nicht mehr getan hast. Indem du zum Beispiel ein wahnsinnig schwieriges Puzzle auf deinem Esszimmertisch machst. Oder indem du ein Malbuch und Filzstifte holst und auf den Küchentisch knallen lässt. (Ich liebe Malbücher. Sie wecken das Kind in mir.)

Es kann auch etwas ganz Neues sein, etwa zusammen mit Freunden einen *Escape Room* aufzusuchen und ein wildes Abenteuer zu erleben, das deine Kreativitätsschaltkreise zum Leuchten bringt. Das ist ihr Zweck! Oder in eines jener Restaurants zu gehen, die »Essen im Dunkeln« anbieten, wo du mit verbundenen Augen in totaler Dunkelheit ein mehrgängiges Menü serviert bekommst. Oder einen Tanzkurs zu belegen. Oder eine neue Sportart wie etwa Tennis, Pickleball oder Golf auszuprobieren!

Oder es könnte darin bestehen, dass du Freunde und die Familie zusammentrommelst und fragst: Steht ihr im Moment vor irgendwelchen Herausforderungen? Denn ich würde gern meine Kreativität trainieren und versuchen, euch zu helfen und Lösungen zu finden.

Es spielt keine Rolle, was du auswählst. Alles wird großartig für die Steigerung deiner Entspannung, die Reduktion von Sorgen sein und Sprit auf dein Kreativitätsfeuer gießen. Erleuchte dich selbst, Baby!

Zum Schluss

Da hast du ihn! Den Wine Self-Talk. Ich freue mich für dich auf deine Reise mit deiner wahnsinnig brillanten Kreativität. Ich würde so gern sehen, wohin dieses neue Ritual dich führt! Wenn du Kreativität als Partner in deinem Leben hast, wird sie dir, wie in Teil 1 erwähnt, bei allem helfen. Sie macht das Leben unterhaltsamer und magischer. Also schlag zu und geh kühn voran in die Richtung, in die deine kreative Leidenschaft dich auch immer führen mag. Und erkenne mehr Magie und Farbe in deinem Leben. Schaffe etwas, bei dem du mit ganzem Herzen bei der Sache bist. Entspanne deinen Geist unter den Sternen. Gestatte dir, dir die unzähligen Chancen deines Potenzials auszumalen. Und gönne dir deine Pausen! Plane sie ein und genieße das Leben, indem du dir ausreichend Freizeit gönnst. Du hast sie verdient!

Und feiere schließlich alle deine Erfolge, seien sie klein oder groß. Feiere sie, schon bevor sie erreicht sind, und sorge so dafür, dass sie eintreten. Feiere deine Kreativität. Feiere deine Ideen. Geh aufs Ganze! Wir warten alle darauf, dass du mit glitzerndem Erfolg und Feuerwerk auf der Bühne erscheinst. Ich freue mich auf das, was du erschaffen wirst. Welche Probleme du lösen wirst. Welche neuen Möglichkeiten du für dich schaffst. Und wie viel magischer dein Leben infolgedessen sein wird.

Ich möchte dich um einen riesigen Gefallen bitten. Es wäre toll, wenn du eine Bewertung dieses Buchs bei Amazon, Hugendubel, Thalia, Weltbild oder auf der Webseite deines örtlichen Buchhändlers abgeben würdest. Bewertungen sind für

Autoren unglaublich wichtig, und ich wäre dir äußerst dankbar, wenn du eine schreiben würdest!

Ich würde gern von dir und deinen Erfahrungen mit deinem Wine Self-Talk hören.

Besuche mich auf: Instagram.com/coffeeselftalk

Du kannst mich außerdem jede Woche auf dem Podcast *Coffee Self-Talk with Kristen Helmstetter* hören:

https://anchor.fm/kristen-helmstetter

Oder schließe dich unserer lustigen und lebhaften Lesergruppe an:

Facebook.com/groups/coffeeselftalk

Ich freue mich so darauf, von dir zu hören!

Kristen Helmstetter

BETTGEFLÜSTER FÜR DIE SEELE

5 Minuten »Pillow Self-Talk« vor dem Schlafengehen, um Dir das Leben Deiner Träume zu erschaffen

18,– € (D) | 18,50 € (A)
ISBN 978-3-86374-673-5

Ein traumhaftes Leben durch fünf Minuten Selbstgespräch vor dem Einschlafen? »Bettgeflüster für die Seele« ist deine magische kleine Auszeit, um dich von der Hektik des Tages befreien, Herz und Verstand wieder in Einklang zu bringen und dir zu kuscheligem, gesundem, erholsamem Schlaf und wohligen Träumen zu verhelfen.

Wertvolle Impulse und Affirmationen unterstützen dich dabei. Denn wenn du gut schläfst und träumst, erwachst du nicht nur frisch gestärkt und bist bereit für einen neuen Tag, sondern nimmst den Zauber der Nacht mit in das Leben, von dem du immer geträumt hast! Die Autorin des internationalen Bestsellers »Coffee Self-Talk« hat ein weiteres Buch verfasst, das dein Leben verändern kann: Nutze die entscheidenden Minuten vor dem Einschlafen, um deine innigsten Träume zu erspüren und sie wahr werden zu lassen!

Von besonderen Zielen und Wünschen über Selbstwertgefühl, Vertrauen, Schönheit und Lebensfreude bis hin zum Umgang mit Ängsten und Sorgen bietet »Bettgeflüster für die Seele« alles, was du brauchst, um die Magie des Lebens in deinem Alltag umzusetzen. Beginne schon heute Abend damit,

... ein besseres und glücklicheres Leben zu führen,
... großartige Menschen, Dinge und Erfahrungen anzuziehen,
... mehr Freude, Gelassenheit und Entspannung zu finden.

Erschaffe dir das Leben, von dem du immer geträumt hast, wie im Schlaf!

Dr. med. Christina Barbara Petersen

INTUITIV GESUND.
WERDE DEIN EIGENER INNERER ARZT!

Langfristige Gesundheit durch Selbstheilung und
das richtige Mindset

14,95 € (D) / 15,40 € (A)
ISBN 978-3-86374-590-5

»Dr. Tina Petersen ist Ärztin und Podcasterin und hat neben
Tausenden Patienten Ärzte und Wissenschaftler wie Joe Di-
spenza, Gerald Hüther und Kurt Tepperwein befragt und von
ihnen gelernt. Dieses Wissen der menschlichen Intelligenz
oder intuitiven Medizin wird in diesem grandiosen Buch zu-
sammengefasst. Wer lernen möchte, wie man sein Mindset
auf Gesundheit ausrichtet und durch Gedankenkraft eine
erfüllte Zukunft erschaffen kann, findet in diesem Buch eine
Antwort.«   Dr. Alvar Mollik, Gründer von Mindful Doctor

Jonathan und Andi Goldman

HEILSAMES SUMMEN: KLANGMASSAGE
FÜR KÖRPER UND SEELE

Mit Übungen für bewusstes Summen und Atmen

9,95 € (D) / 10,20 € (A)
ISBN 978-3-86374-478-6

»Ich kann allen, die unter dem Stress der modernen Welt
leiden, ›Heilsames Summen‹ wärmstens empfehlen. Es handelt sich um eine Beschreibung der wirkungsvollen Selbstheilung, die nicht auf Medikamente setzt und ausschließlich
positive Nebenwirkungen, wie Harmonie, Gesundheit und
Glück, hat.«   Dr. Bruce H. Lipton, Zellbiologe und
                      Autor des Bestsellers »Intelligente Zellen«

Andreas Winter

HEILEN DURCH ERKENNTNIS

Das Unterbewusstsein entschlüsseln,
um Blockaden und Symptome aufzulösen

12,– € (D) / 12,40 € (A)
ISBN 978-3-86374-605-6

»Heilung durch Erkenntnis hat so viele Schätze, die nur
darauf warten, den Leser zu erreichen. Allein die zehn Fragen, die das Leben verändern, bringen dich so zu dir selbst,
dass du gar nicht mehr vor dir selbst weglaufen kannst. (...)
Dieses Buch hat mir persönlich wieder ein großes Stück von
mir selbst offenbart und deshalb möchte ich es von Herzen
all denen empfehlen, die sich selber und ihre Heilung finden
möchten.« Connection Spirit

Unsere Bücher erhalten Sie bei Ihrem Buchhändler!
...hen Sie auch unsere Internetseite mit Bestellmöglichkeit, Autorenvideos,
...ben, Veranstaltungstipps und Newsletter: **www.mankau-verlag.de**